100명 중 2명만 완성한
전설의 로보트
P.R.I.M.E No.1

메카닉 디자인 | 에떼
전개·감수 | 대부

21세기북스

목 차

책 사용 설명서 ——————————————————— 3

1 기체 탄생기 ——————————————————— 4

2 기체 설정 ——————————————————— 8

3 설명서 ——————————————————— 12
    준비물
    참고사항
    만드는 방법

4 도면 ——————————————————— 40

책 사용 설명서

이 책은 종이 도면을 오리고 접고 붙여 로보트를 완성하는 페이퍼 토이북입니다. 100명 중 2명이 완성할 수 있는 난이도이며, 프로 사부작러들의 재미를 높이기 위해 모든 것을 직접 하도록 구성했습니다. 종이모형을 만드는 과정은 자기 한계를 자극하고 숨어있던 의지를 불태우게 합니다. 승부욕 자극, 인내력 강화로도 이어집니다. 끝나지 않을 것 같은 만들기 작업을 하는 동안 스트레스에 대한 면역력도 증가합니다.

책은 크게 앞부분의 정보 면과 뒷부분의 도면으로 나뉩니다. 정보 면에는 만들게 될 로보트에 대한 기본 정보와 설정, 설명서 등의 내용이 담겨 있습니다. 도면은 A에서 X면까지 총 24페이지로, 로보트의 머리부터 몸통, 팔, 다리, 무기, 무장의 순서로 되어 있습니다. 설명서를 참고해 도면을 직접 오리고 접고 붙여서 로보트를 완성해 나가면 됩니다. 단, 참고사항을 꼭 정독한 후 시작해 주세요.

1 전설의 로보트 P.R.I.M.E No.1에 대해 알아봅니다. | 탄생기를 통해 배경 상황을 이해하고 기체 설정을 읽으며 P.R.I.M.E No.1의 구조를 인지합니다.

2 준비물, 참고사항을 읽고 만드는 방법을 이해합니다. | 필수 준비물과 기타 준비물이 나눠져 있습니다. 필수 준비물만 있어도 P.R.I.M.E No.1을 만들 수 있지만, 기타 준비물까지 챙기면 편의성이 높아집니다. 참고사항에 소개된 방법과 설명서를 먼저 이해해야 수월하게 P.R.I.M.E No.1을 만들 수 있습니다. 꼭 참고사항을 충분히 숙지한 후 만들기를 시작해주세요.

3 만들기 영상 (QR 코드)을 먼저 보면 결과물의 완성도가 높아집니다. | P.R.I.M.E No.1의 완성도를 위해 작가가 직접 제작 방법을 설명하는 영상을 준비했습니다. 영상을 먼저 보고 난 후 만들기를 시작하면 좀 더 완성도 높은 결과물을 얻을 수 있습니다.

(15) 주의 사항

이 책은 칼과 송곳 등 날카로운 도구의 사용이 많아 15세 이상부터 이용을 권장합니다. 15세 미만의 경우 보호자의 지도가 필요합니다.

1
기체 탄생기

Beyond Dimension

2 1 5 5

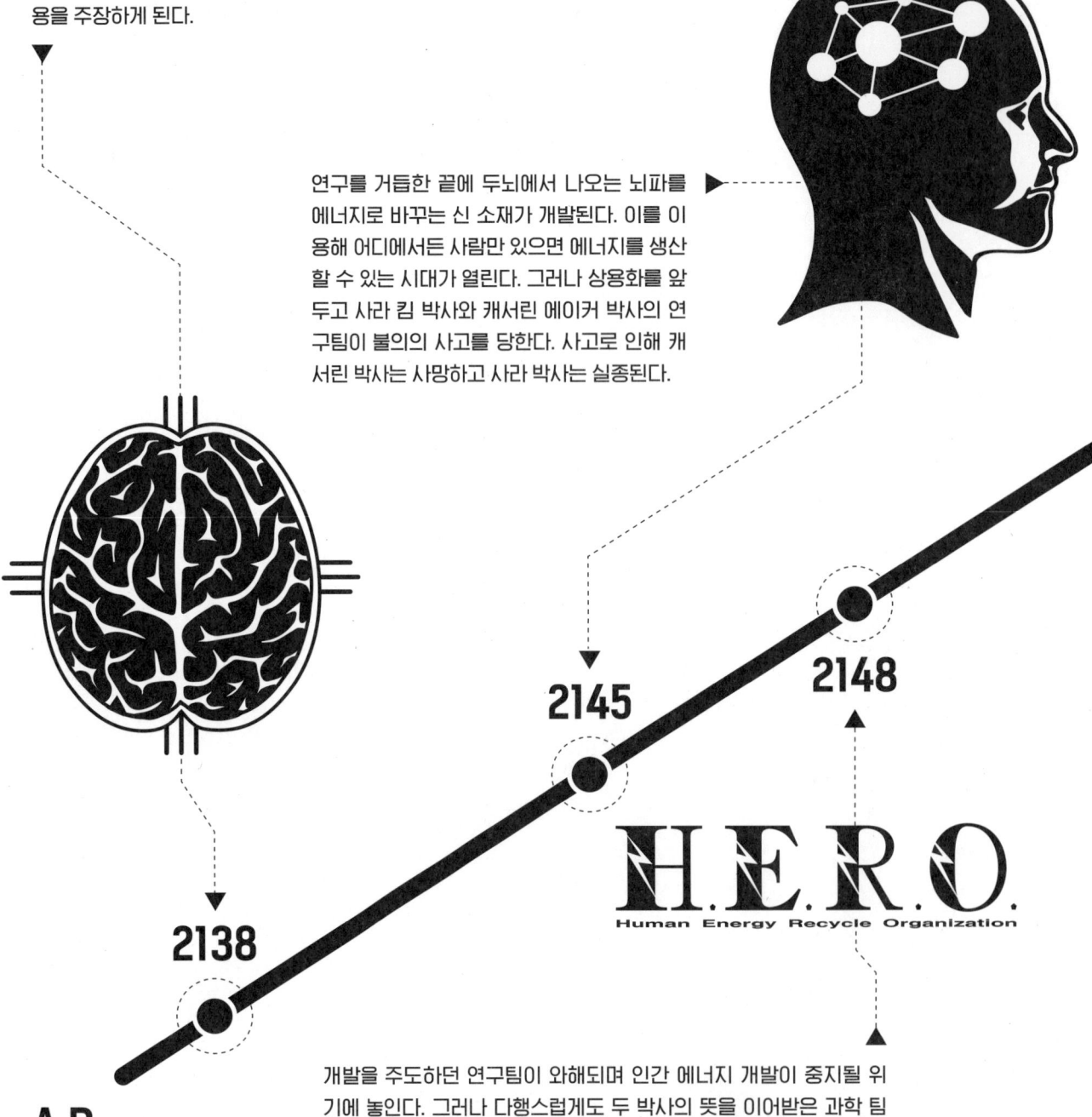

전 세계 연합은 에너지 고갈을 염려해 신 재생 에너지의 다차원적 연구를 시작한다. 사라 킴 박사와 캐서린 에이커 박사의 연구팀은 정보를 전달하고 보관하는 두뇌 기능이 강력한 발전기와 같은 역할을 한다는 가설을 세운다. 이를 바탕으로 인간의 뇌파를 이용한 에너지 사용을 주장하게 된다.

연구를 거듭한 끝에 두뇌에서 나오는 뇌파를 에너지로 바꾸는 신 소재가 개발된다. 이를 이용해 어디에서든 사람만 있으면 에너지를 생산할 수 있는 시대가 열린다. 그러나 상용화를 앞두고 사라 킴 박사와 캐서린 에이커 박사의 연구팀이 불의의 사고를 당한다. 사고로 인해 캐서린 박사는 사망하고 사라 박사는 실종된다.

2145

2148

H.E.R.O.
Human Energy Recycle Organization

2138

A.D

개발을 주도하던 연구팀이 와해되며 인간 에너지 개발이 중지될 위기에 놓인다. 그러나 다행스럽게도 두 박사의 뜻을 이어받은 과학 팀이 H.E.R.O(Human Energy Recycle Organization)라는 기관을 설립해 연구를 이어간다. 얼마 후, H.E.R.O는 모든 에너지 원을 대체하는 P.E.T(Portable Energy Tag)를 완성한다.

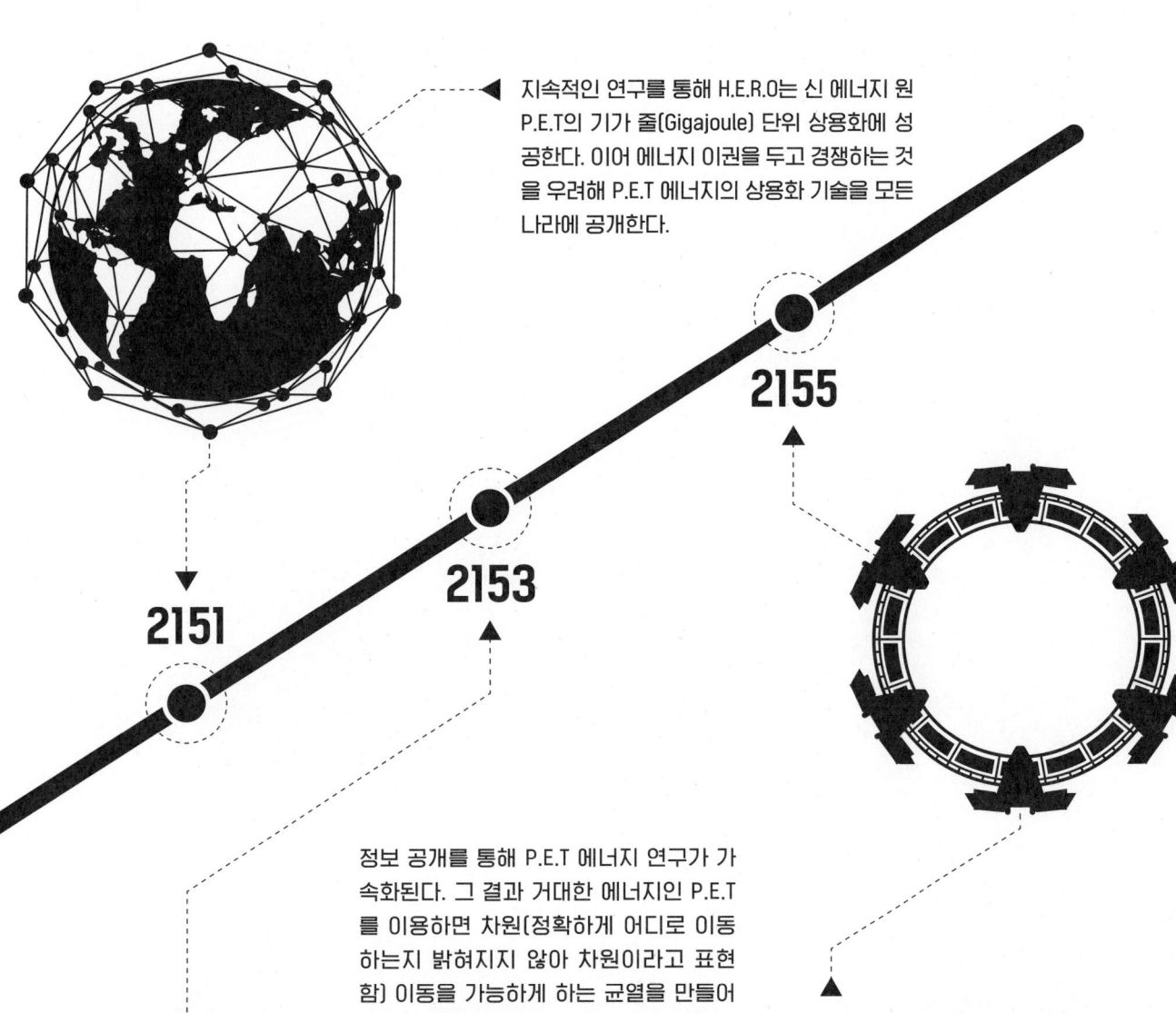

지속적인 연구를 통해 H.E.R.O는 신 에너지 원 P.E.T의 기가 줄(Gigajoule) 단위 상용화에 성공한다. 이어 에너지 이권을 두고 경쟁하는 것을 우려해 P.E.T 에너지의 상용화 기술을 모든 나라에 공개한다.

2151

2153

2155

정보 공개를 통해 P.E.T 에너지 연구가 가속화된다. 그 결과 거대한 에너지인 P.E.T를 이용하면 차원(정확하게 어디로 이동하는지 밝혀지지 않아 차원이라고 표현함) 이동을 가능하게 하는 균열을 만들어 낼 수 있음을 발견한다. H.E.R.O에 의해 최초로 차원의 문이 열리지만 생명체의 이동은 불가능함을 깨닫고, 차원 탐사를 위한 장치 P.R.I.M.E(Psychic Recycled Interlock Modify Equipment)을 개발한다.

P.R.I.M.E은 가장 많은 에너지를 발산하는 세타파를 이용하기 위해 동면과 정신 이식 기능을 가지며, 탐험 시 다양한 환경에 쉽게 적응할 수 있도록 인간의 형태로 설계된다.

에너지를 비정상적으로 집중한 상황이기 때문에 차원의 문을 열고 들어간 반대편에 공간 왜곡이 생긴다. 지금까지 수차례 차원의 문을 개방해 탐사정을 보냈으나, 탐사정이 돌아온 사례가 없어 매번 같은 공간으로의 이동이 가능한지 파악되지 않는다. 한 마디로 차원 너머의 세계는 미지의 영역이다.

이런 궁금증을 해결하기 위해 첫 번째 전문 탐사팀이 출발한다. 차원의 문을 열린 상태로 유지하기 위해서는 5명의 에너지가 지속적으로 투입되어야 해 탐사팀은 5명으로 구성된다. 첫 탐사팀의 출발과 함께 차원에 대한 연구도 본격적으로 시작된다.

그후...

차원 너머의 풍경은 지구라고 생각할 수 없을 정도로 피폐하다. 본격적인 탐사를 시작하는 탐사팀 앞에 다시 차원의 균열이 일어나고 거대한 미지의 존재들이 나타난다. 이들은 어떠한 교감 없이 공격을 시작하고, 탐사팀은 갑작스러운 괴 생명체의 공격에 속수무책이다. 닉(5호기)의 베리어로 간신히 버티는 탐사팀. 귀음(2호기)의 기체는 팔 하나를 잃었고, 폭발과 함께 엠마(4호기)가 베리어 밖으로 튕겨 나가자 준기(1호기)의 고민이 시작된다. 절체절명의 순간, 하늘에서 발생한 균열 사이로 강력한 불빛이 터져 나오고 탐사팀을 공격하던 괴생명체가 사라진다. 안도하는 시간도 잠시, 탐사팀 앞에는 또 다른 존재들이 나타나고, 탐사팀은 새로운 시험대에 오르게 되는데...

2 기체 설정

P.R.I.M.E.(Psychic Recycled Interlock Modify Equipment) 1호기

Mercury

1.제원

- 높이 : 1m
- 무게 : 112kg
- 출력 : 10,000Kw ~ ∞
- 에너지원 : P.E.T+에너지 재사용 장치

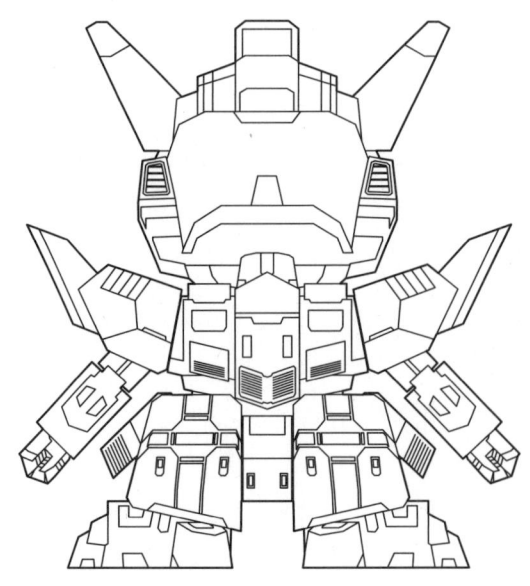

2. 무장

에너지 소드
부스터에 장착

10mm 에너지 건
스커트에 장착

12mm 고에너지 건
옵션 장착

120mm 실드 바주카
옵션 장착

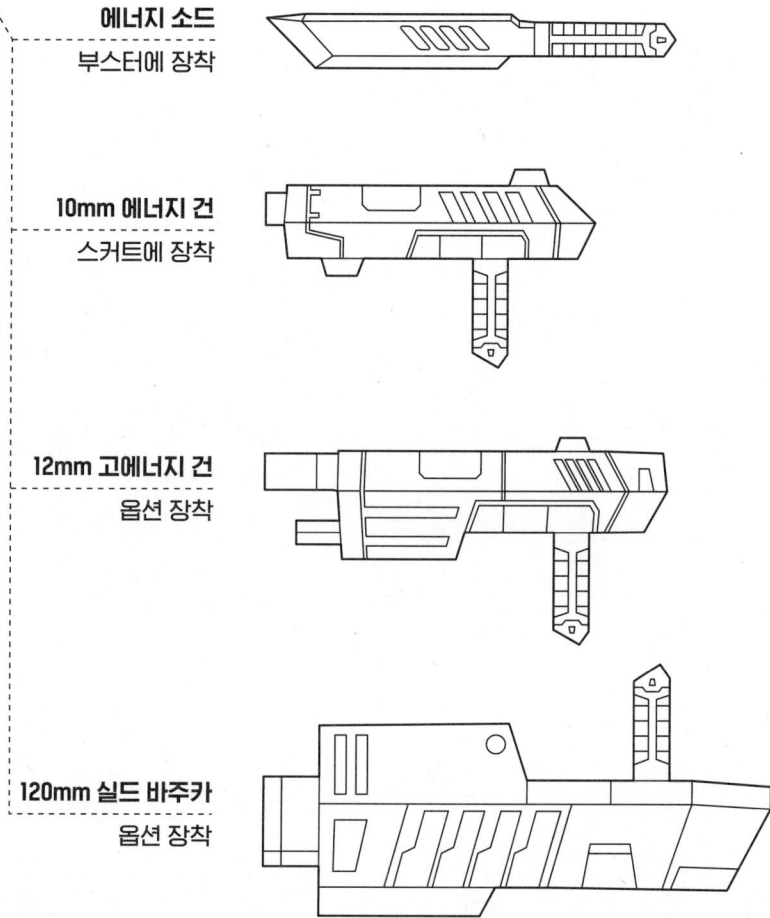

3. 운송수단

호버 보드
부스터의 출력을 보조하기 위한 장치
중력이 있는 대기를 상정해서 탑승

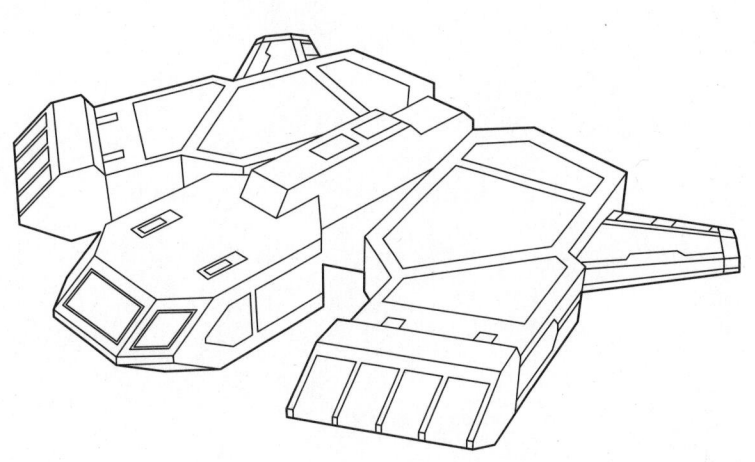

③
설명서

준비물

P.R.I.M.E No.1

필수 준비물

금긋기를 할 때 사용하는 도구. 특별하게 정해진 것은 없지만, 끝이 약간 뭉툭한 송곳을 주로 사용한다. 샤프에 핀을 꽂아 만든 도구나 뭉툭해진 칼날 등을 활용해도 된다. 인터넷에서 앞이 뭉툭한 금긋기 도구를 구매해 사용해도 좋다. 다만 종이가 뜯어지거나 잘리지 않는 도구여야 한다.

금긋기나 자르기를 할 때 사용하는 자. 일반 아크릴 자 보다 안전하다.

칼로 도면을 자를 때 책상과 칼날의 날을 보호할 수 있는 매트.

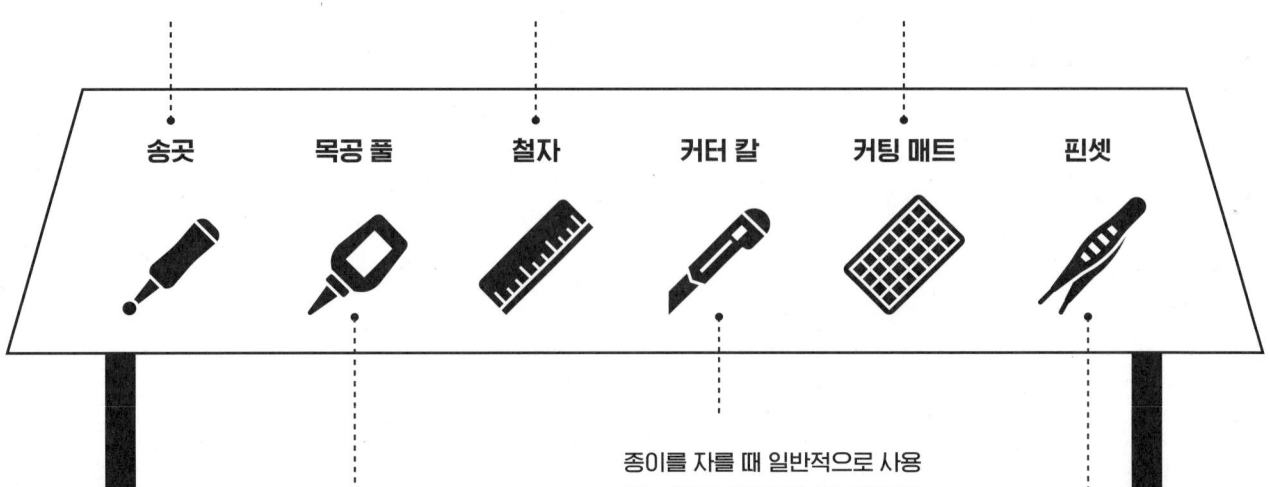

송곳 | 목공 풀 | 철자 | 커터 칼 | 커팅 매트 | 핀셋

종이를 자를 때 일반적으로 사용하는 칼로, 45도 칼날과 30도 칼날이 있다. 정밀한 자르기가 필요할 때는 30도 칼날처럼 날카로운 칼날을 추천한다.

접착하고 위치를 바꾸는 등의 편의성이 높고, 약간 번지더라도 소량의 물로 닦아낼 수 있어 모형을 깔끔하게 만들 수 있다. 다만, 접착 후 일정 시간 동안 눌러주어야 하며 너무 많은 양을 사용하면 종이가 눅눅해져 우는 경우가 있으니 주의해야 한다. 끝이 뾰족해 소량의 풀이 나오는 형태의 제품이 좋지만, 구하기 힘들 경우 풀을 용기에 덜어 풀 바르는 도구를 활용해 바르면 된다.

종이모형을 할 때는 끝이 뾰족하고, 집었을 때 끝이 딱 맞게 집히는 핀셋을 이용하는 것이 좋다.

도면은 자를 대고 커터 칼로 자르는 것이 정확도가 높지만, 손에 익숙하지 않을 때는 가위를 사용해도 된다. 다만 반드시 접는 선 긋기를 한 후에 잘라야 한다. 작은 가위는 불필요한 풀칠 면을 다듬을 때 좋다.

기타 준비물

종이가 순간접착제를 흡수하는 경우가 많아 종이모형에는 자주 사용하지 않는다. 그러나 아주 작은 면이나 종이를 단단하게 해야 할 때 사용하면 도움이 된다.

목공 풀을 바로 바르기 힘들 때 사용하는 도구. 산적 꼬지같이 얇고 뾰족한 도구가 좋다. 단, 이쑤시개는 너무 짧아서 추천하지 않는다.

가위	둥글게 마는 도구	순간접착제	스탠드	풀 바르는 도구

접는 선이 잘 보이지 않는 작은 부품의 경우 스탠드 불빛을 이용하면 한결 수월하게 만들 수 있다.

둥근 면 도형을 손바닥에 대고 밀어서 말아주는데 사용하는 도구. 각이 없는 둥근 봉으로 된 볼펜을 이용해도 된다. 둥글고 얇은 봉으로 된 송곳이나 드라이버를 사용해도 좋다.

참고사항

P.R.I.M.E No.1

도면 올바르게 이해하기

재단선
도면에 검은색 라인으로 표시된 부분은 모두 재단 선이다. 검은색 라인을 따라 도면을 잘라주면 된다.

산 접기
가장 일반적인 접기 방법이다. 종이를 아래쪽으로 접으면 된다. 도면에 회색 선으로 표시되어 있다.

골 접기
골 접기는 종이를 위쪽으로 접는 방법으로, 역 접기라고도 한다. 확실히 접어야 모양이 헛갈리는 경우가 적다. 도면에는 골 접기를 해야 하는 부분이 점선으로 표시되어 있다.

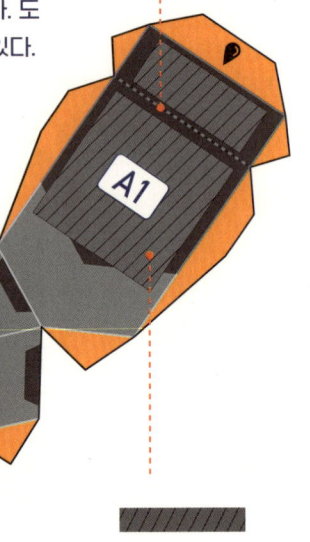

빗금 면
빗금이 있는 면은 부품끼리 붙는 면이다. 빗금 면에 쓰여있는 번호와 동일한 번호의 부품을 찾아 위치에 주의하며 붙여주면 된다. 예를 들어 빗금 면에 A1이 쓰여있으면 그 자리에 A1 부품을 붙이라는 의미이다.

풀칠 면
목공 풀 등을 발라서 종이끼리 붙이는 면. 조립을 다 한 후에는 보이지 않아야 한다. 도면에서 노란색으로 칠해져 있으며, 풀칠 면 중 검은색 물방울무늬가 있는 면을 가장 먼저 붙이면 한결 수월하게 도형을 완성할 수 있다.

만들기 전 알아두기

1 설명서에 쓰인 순서대로 만들어야 조금 더 수월하게 제작할 수 있다. 팔과 다리는 오른쪽 부품을 기준으로 설명되어 있다. 반대쪽도 동일한 순서로 만들면 된다.

2 항상 도면을 자르기 전에 송곳을 이용해 접는 선에 먼저 선 긋기를 해준다. 모형의 모양을 결정하고 완성도를 높이는 작업이기 때문에 중요하다. 자와 송곳을 이용해 정확하게 선을 긋는다.

3 접을 때 각을 정확하게 접을수록 부품을 만들기가 편하다. 또한 풀칠을 하기 전, 미리 모양을 만들어 보면 도움이 된다.

4 붙일 때는 풀칠 면 전체에 풀을 바르지 말고, 한 면씩 붙여 나간다. 붙이면서 부품의 모양이 뒤틀려지지 않도록 주의한다. 한동안 지그시 누르고 있어야 완전하게 붙일 수 있다.

5 풀칠 면이 좁은 부분이나 둥근 면을 접착할 때는 단면에 풀을 발라 붙이는 단면 접착을 활용하면 도움이 된다. 도형의 단면이 넓을 때는 하지 않아도 된다. 선과 선을 붙이는 작업이라 실전에 활용하기 전, 연습이 필요하다.

6 설명서에 만드는 순서는 1번부터 100번까지 숫자로 표시되어 있다. 각 부품의 번호는 알파벳과 숫자가 함께 표기되어 있으며, 도면에 표시된 것과 동일하다(예_ A면 1번 부품은 A1, B면 1번 부품은 B1으로 표기).

7 팔과 다리를 비롯해 좌우 대칭으로 제작되는 부품들은 오른쪽 부품 번호(왼쪽 부품 번호)로 표시되어 있다(예_P5(R5) : 이때 P5와 R5는 좌우 대칭되는 같은 부분의 부품이다. 동일한 방식으로 만들면 된다).

8 만드는 방법에 로봇의 부위별로 작가가 만드는 방법을 설명한 영상의 QR 코드가 삽입 되어 있다. 영상을 먼저 보고 이해한 후 만들기를 시작하면 한결 수월하게 제작할 수 있다.

제작 TIP

네오디늄 자석 활용하기

모형을 부분적으로 가동하거나 탈 부착이 용이하게 만들고 싶다면 네오디늄 자석을 활용하면 된다. 머리, 팔, 다리 등 각 부분을 완성한 뒤 부위 연결 면 안쪽에 자석을 붙이면 회전, 탈부착 등이 가능하다. 이 책의 도면에서는 목(F2)과 몸통(G1), 팔(M1, O1)과 몸통(G1)에 자석을 심으면 머리와 팔을 회전시킬 수 있다.

만드는 방법

P.R.I.M.E No.1

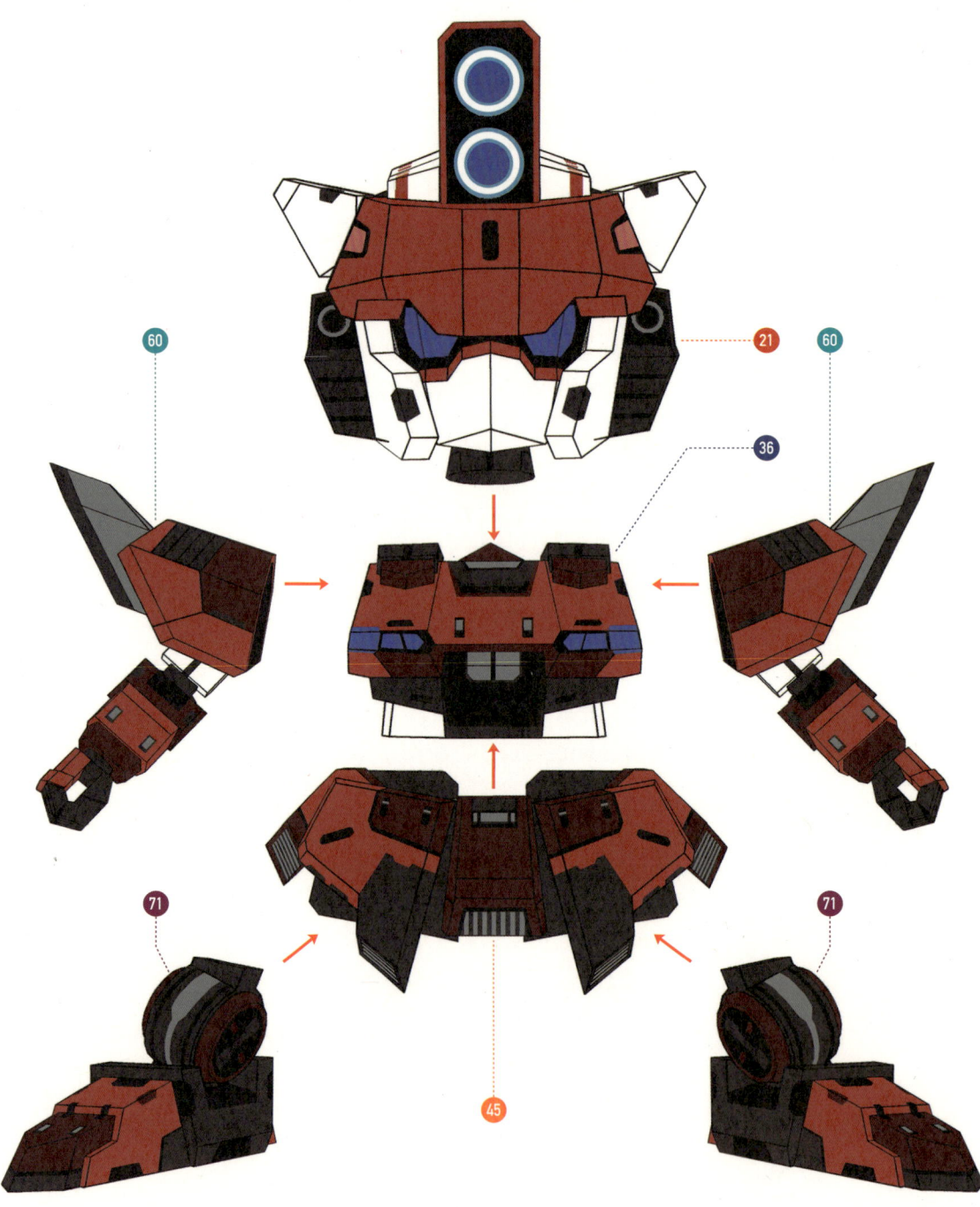

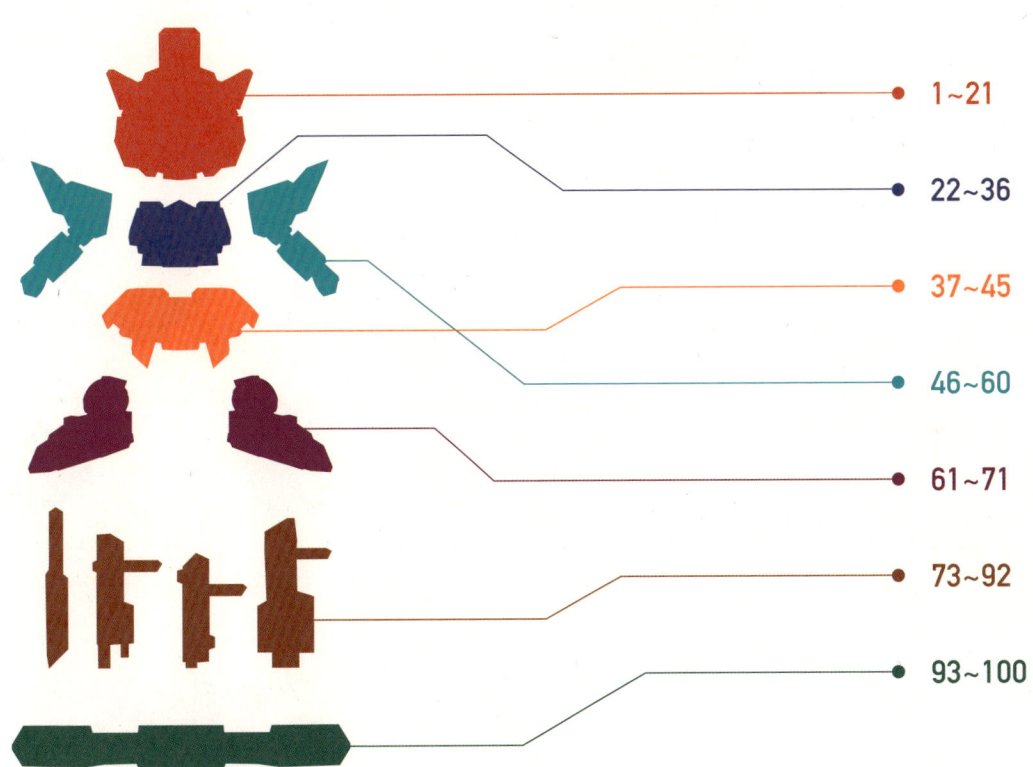

- 1~21
- 22~36
- 37~45
- 46~60
- 61~71
- 73~92
- 93~100

머리 만들기 (도면 A면 ~ F면)

1

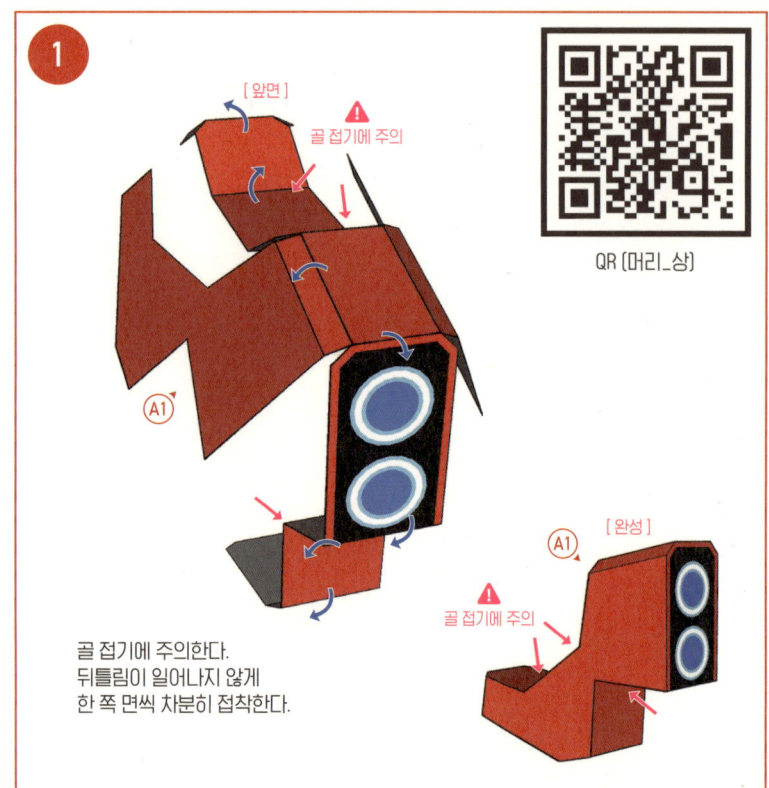

골 접기에 주의한다.
뒤틀림이 일어나지 않게
한 쪽 면씩 차분히 접착한다.

2

A1과 A2를
위치에 맞게 접착한다.
(방향에 주의)

3

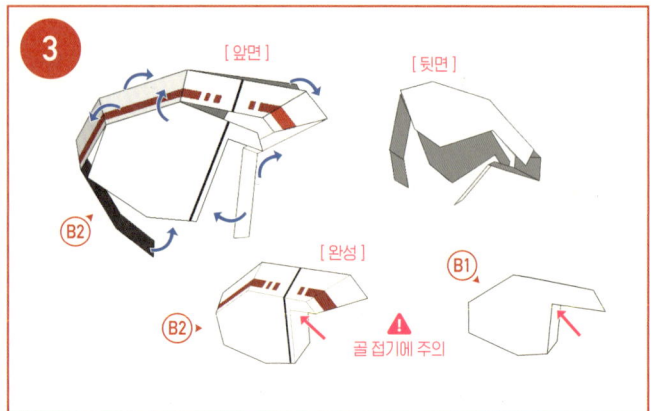

4

각이 좁아지는
방향이 아래.

5

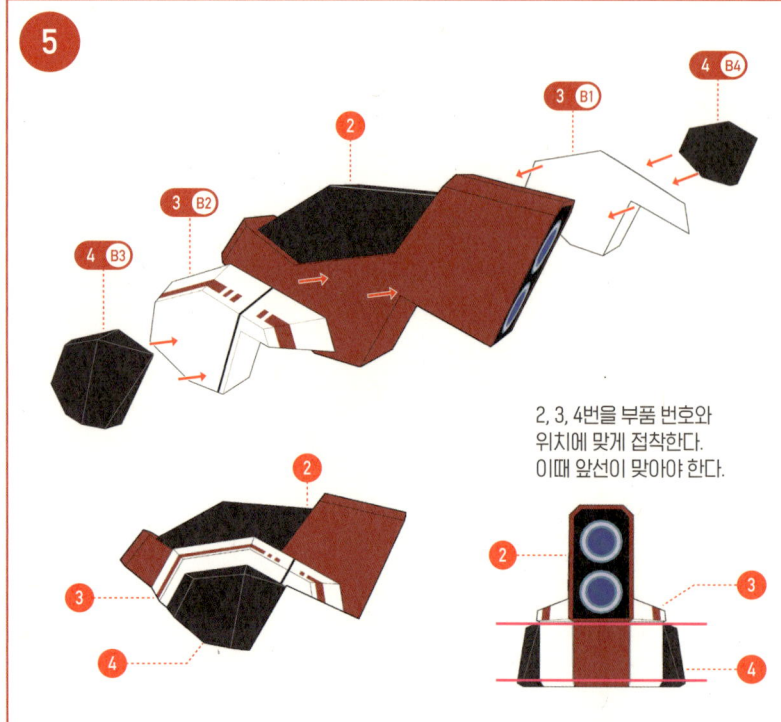

2, 3, 4번을 부품 번호와
위치에 맞게 접착한다.
이때 앞선이 맞아야 한다.

6

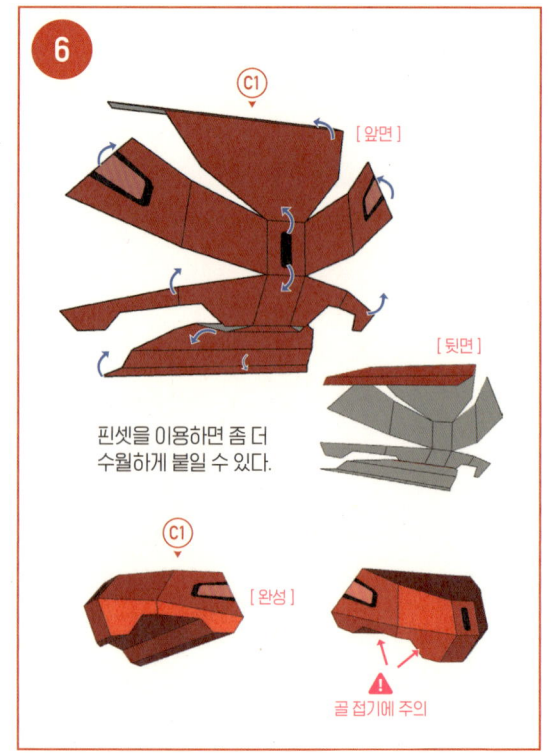

핀셋을 이용하면 좀 더
수월하게 붙일 수 있다.

머리 만들기 (도면 A면 ~ F면)

7. 5, 6번을 부품 번호와 위치에 맞게 접착한다.

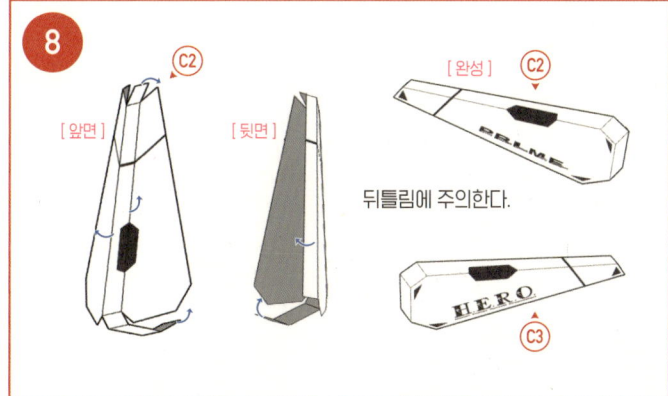

8. 뒤틀림에 주의한다.

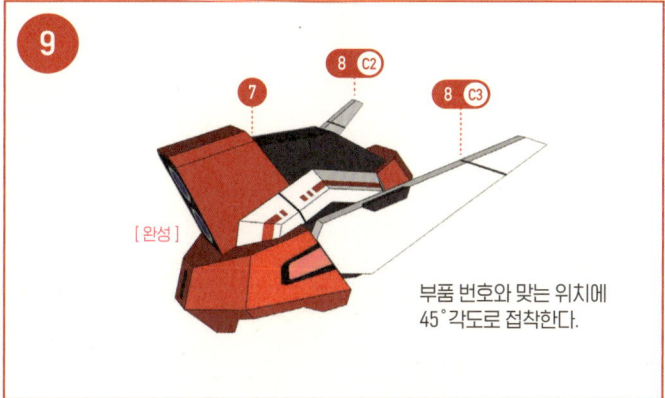

9. 부품 번호와 맞는 위치에 45°각도로 접착한다.

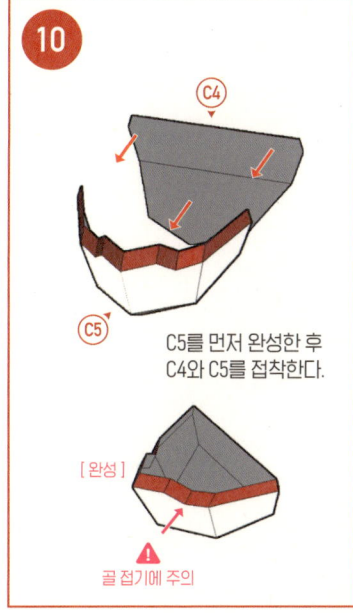

10. C5를 먼저 완성한 후 C4와 C5를 접착한다.
골 접기에 주의

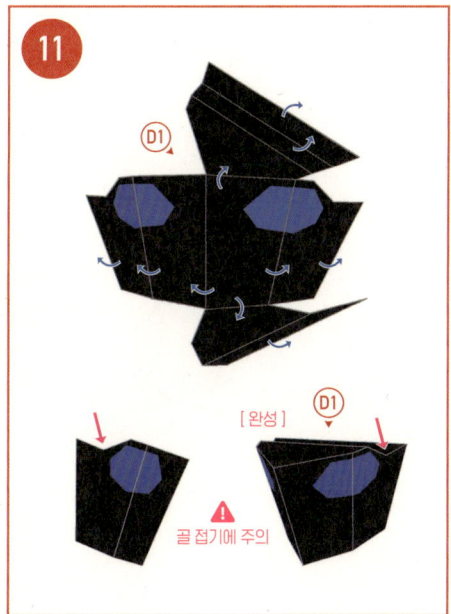

11. 골 접기에 주의

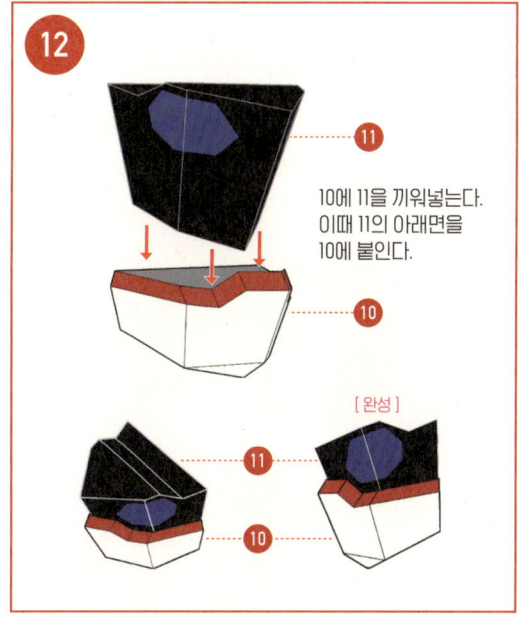

12. 10에 11을 끼워넣는다. 이때 11의 아래면을 10에 붙인다.

13. 부품 번호와 위치에 맞게 접착한다. 6번과 11번을 만들때 골 접기에 주의해 각을 살려 부품을 완성해야 쉽게 붙일 수 있다.

머리 만들기 (도면 A면 ~ F면)

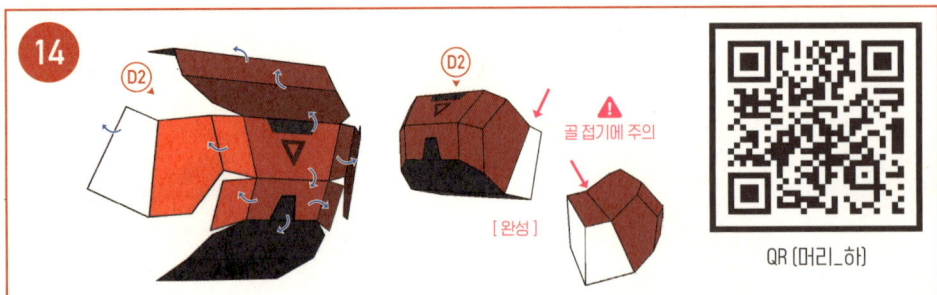
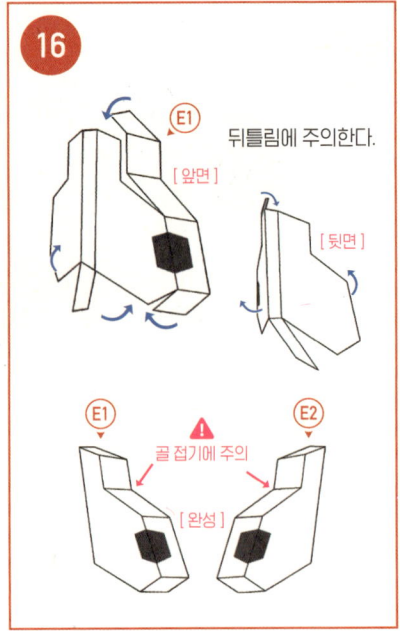

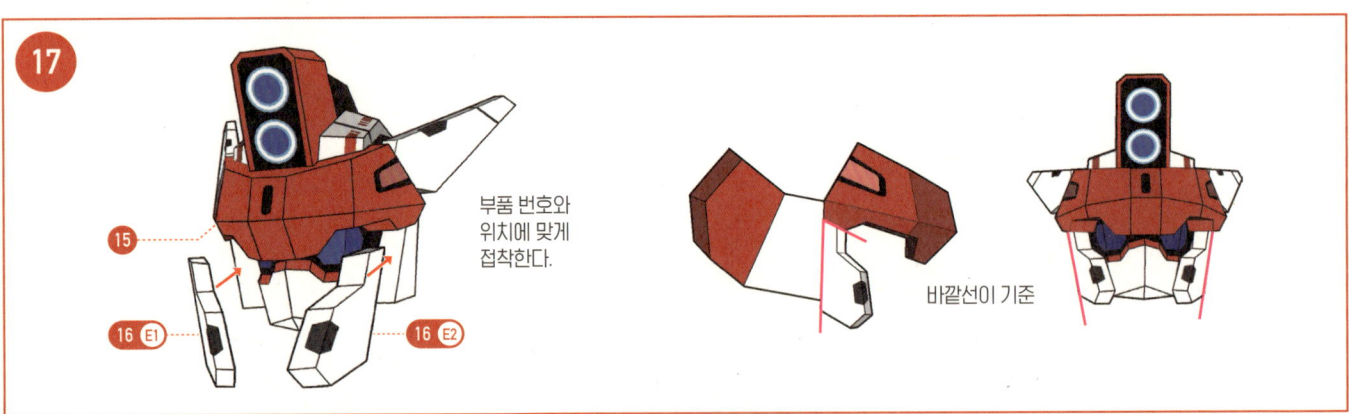

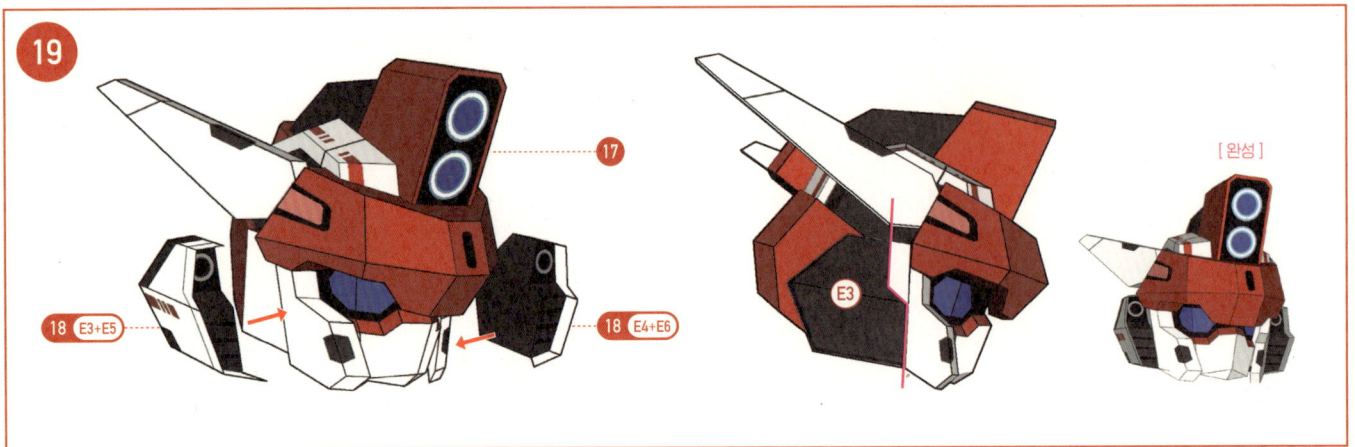

머리 만들기 (도면 A면 ~ F면)

20

부품 번호와 위치에 맞게 접착한다.

무늬가 있는 쪽이 아래

21

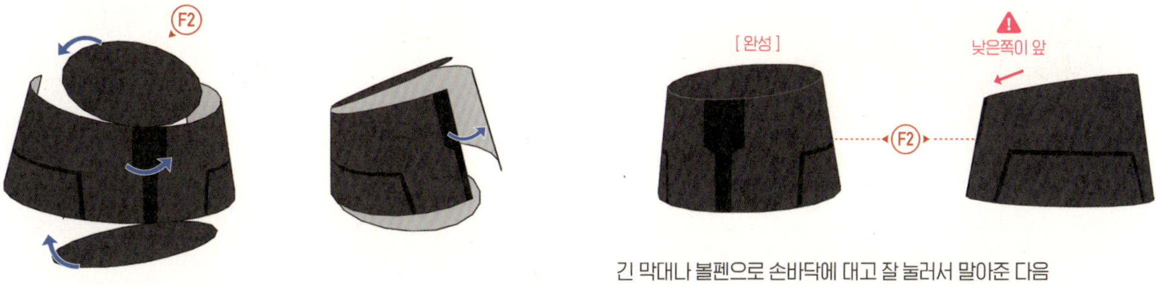

긴 막대나 볼펜으로 손바닥에 대고 잘 눌러서 말아준 다음 부품을 만들면 원형 도형을 쉽게 완성할 수 있다.

낮은쪽이 앞

부품 번호와 위치에 맞게 결합한다. 낮은쪽이 앞으로 오도록 주의한다.

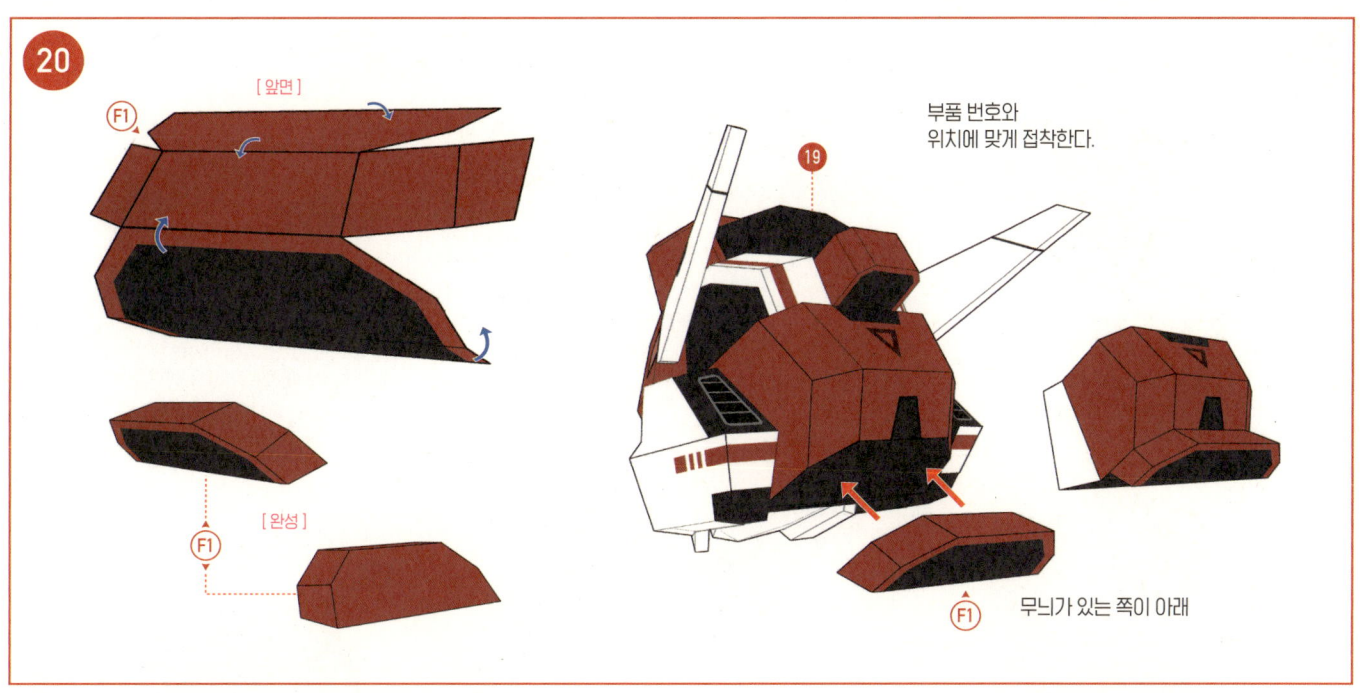

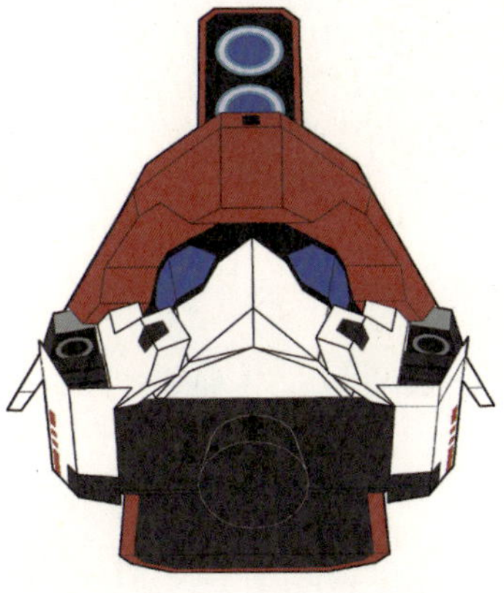

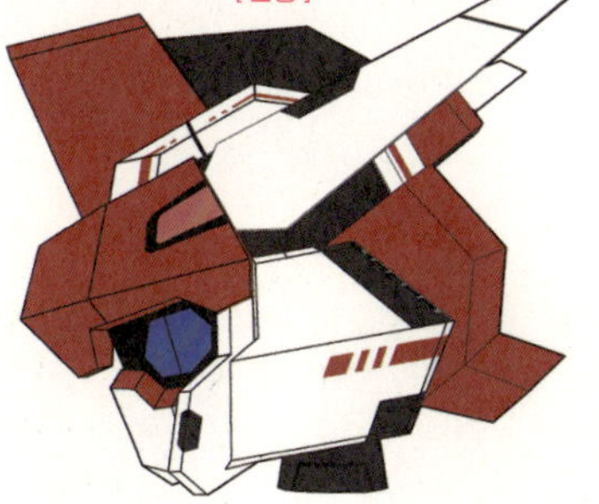

몸통_상 만들기 (도면 G면 ~ I면)

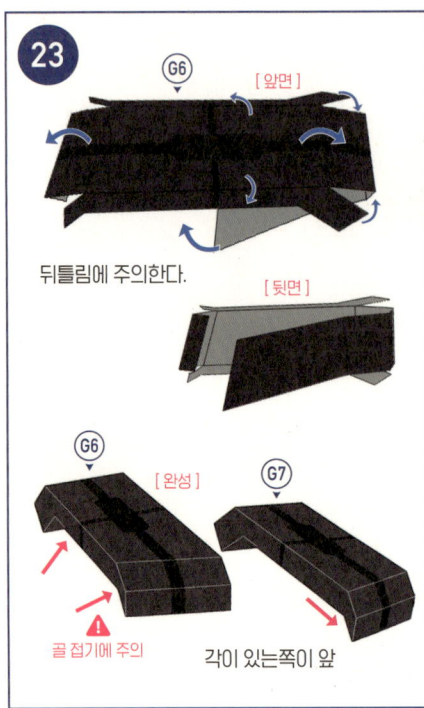
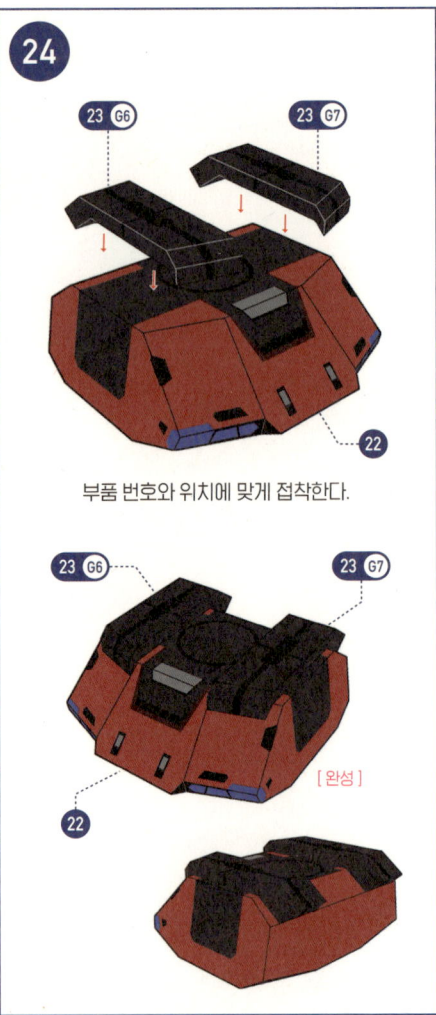
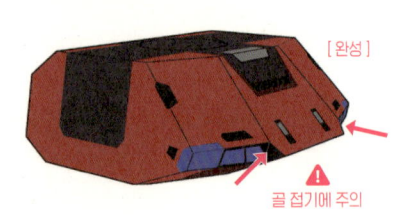

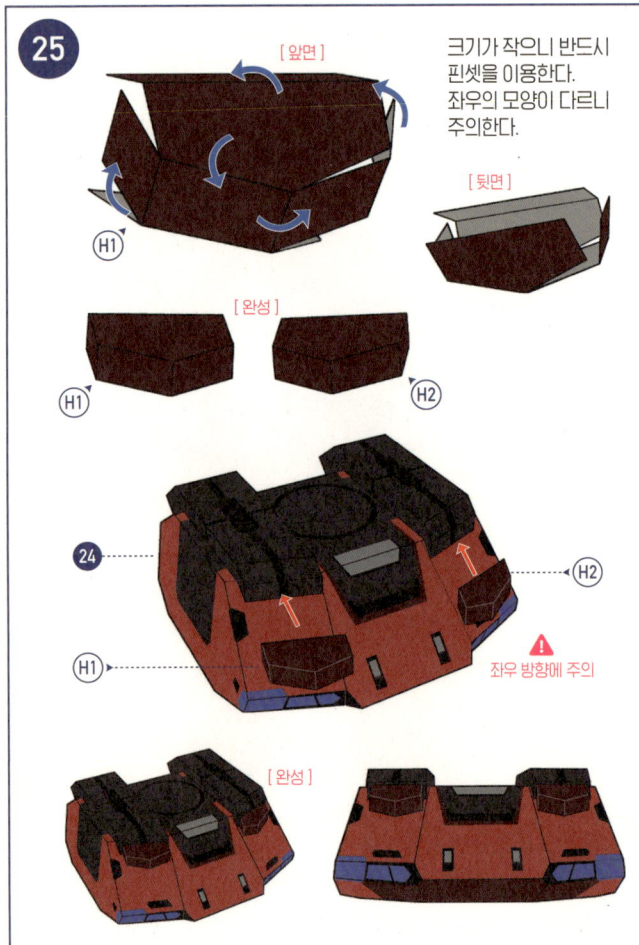

몸통_상 만들기 (도면 G면 ~ I면)

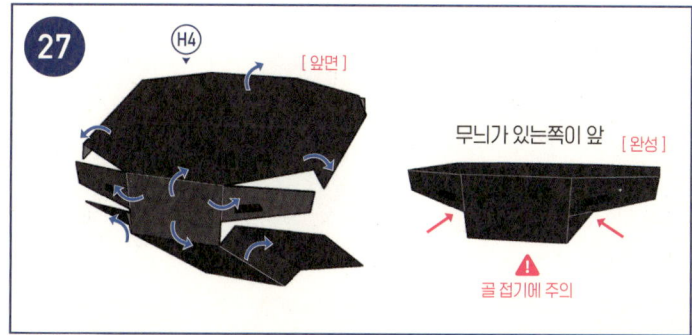
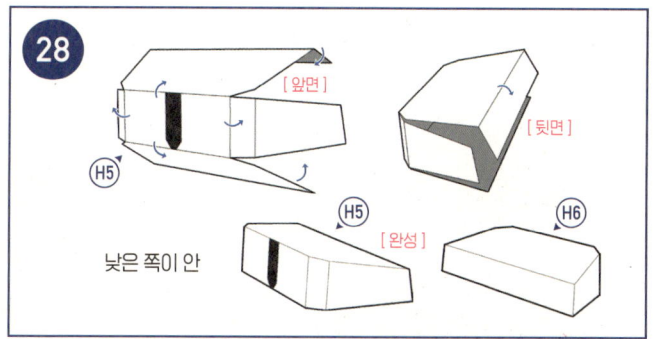
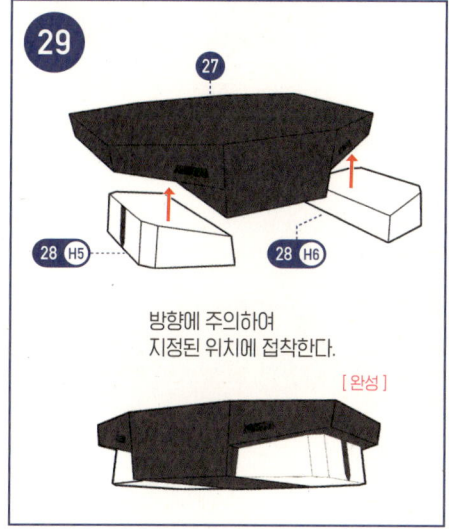
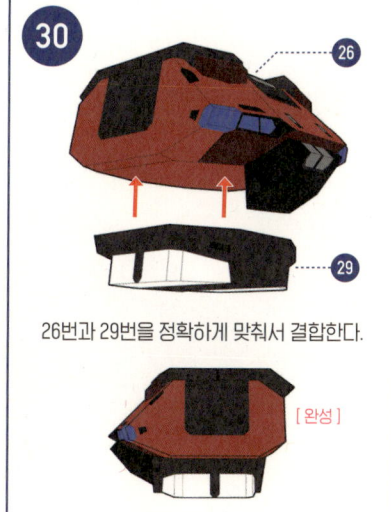

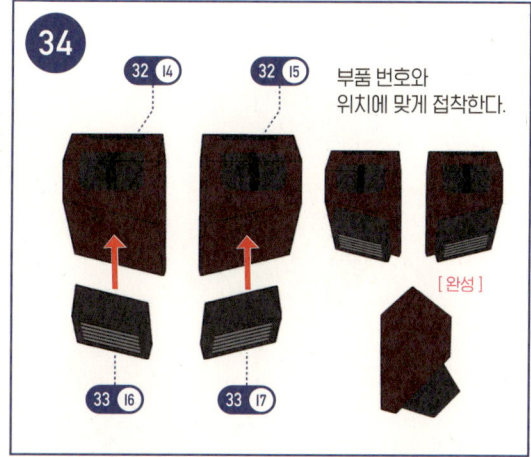

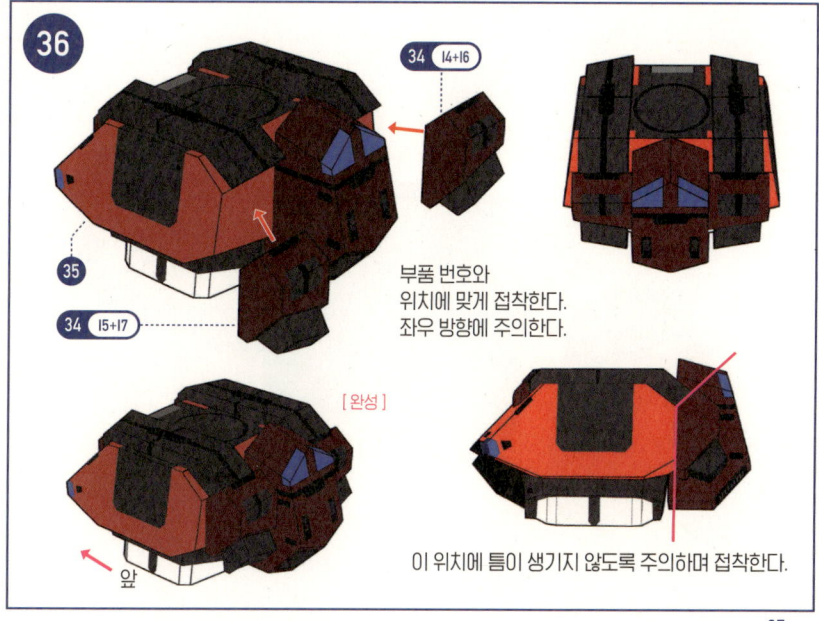

몸통_하 만들기 (도면 J면 ~ L면)

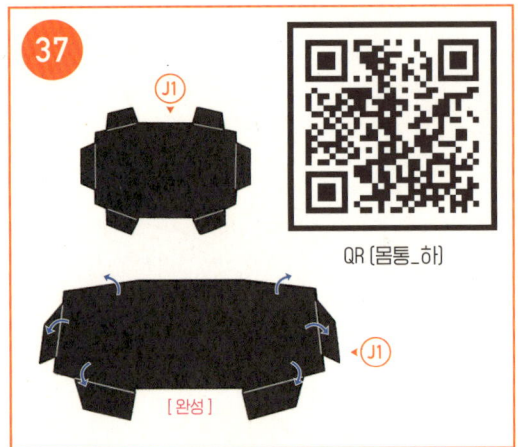

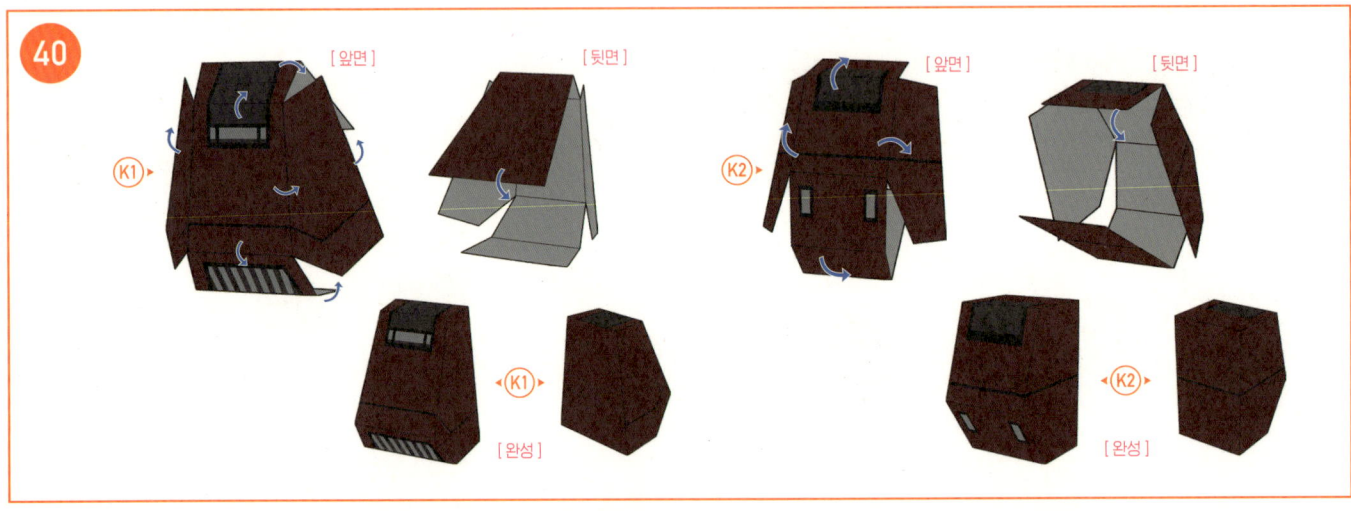
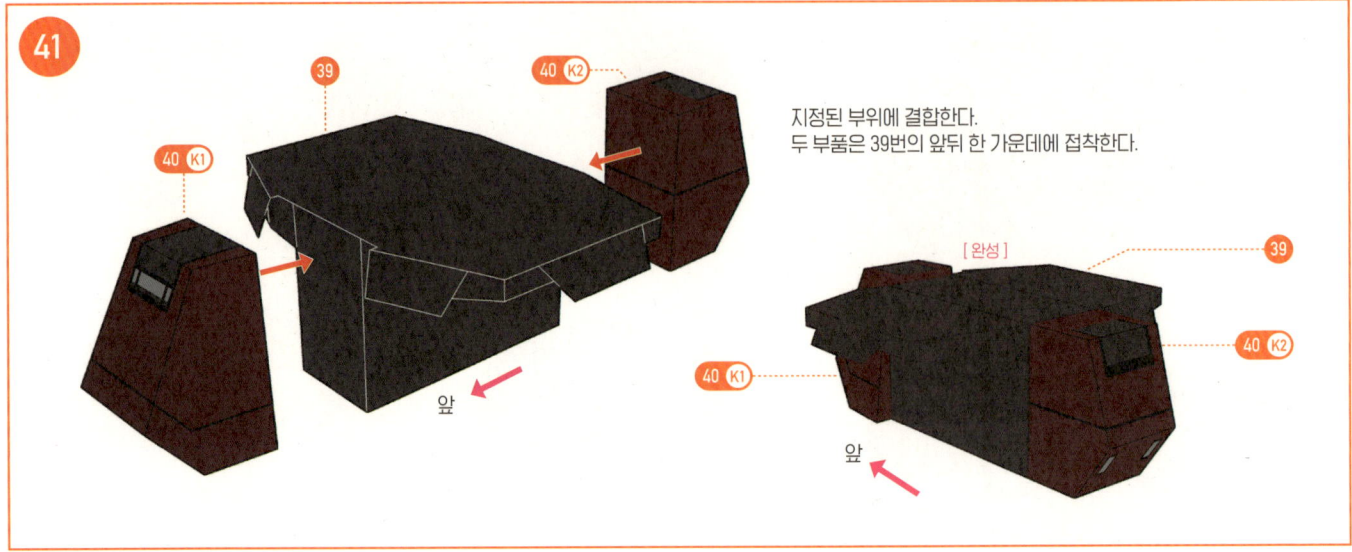

몸통_하 만들기 (도면 J면 ~ L면)

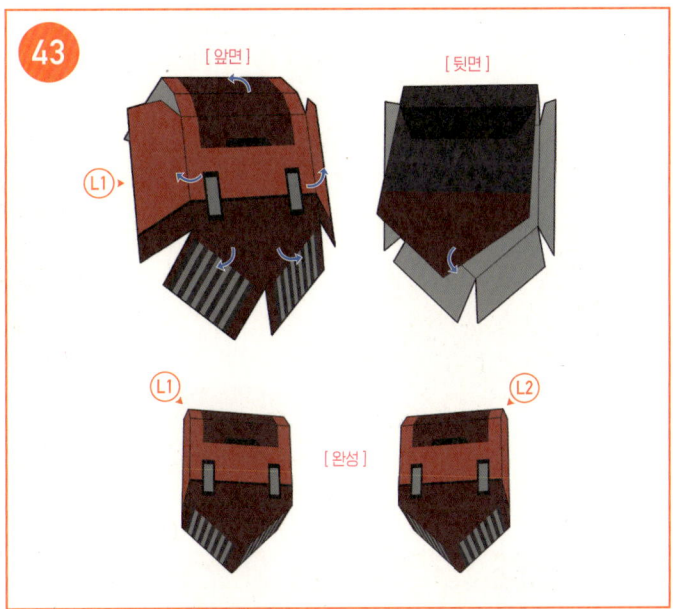

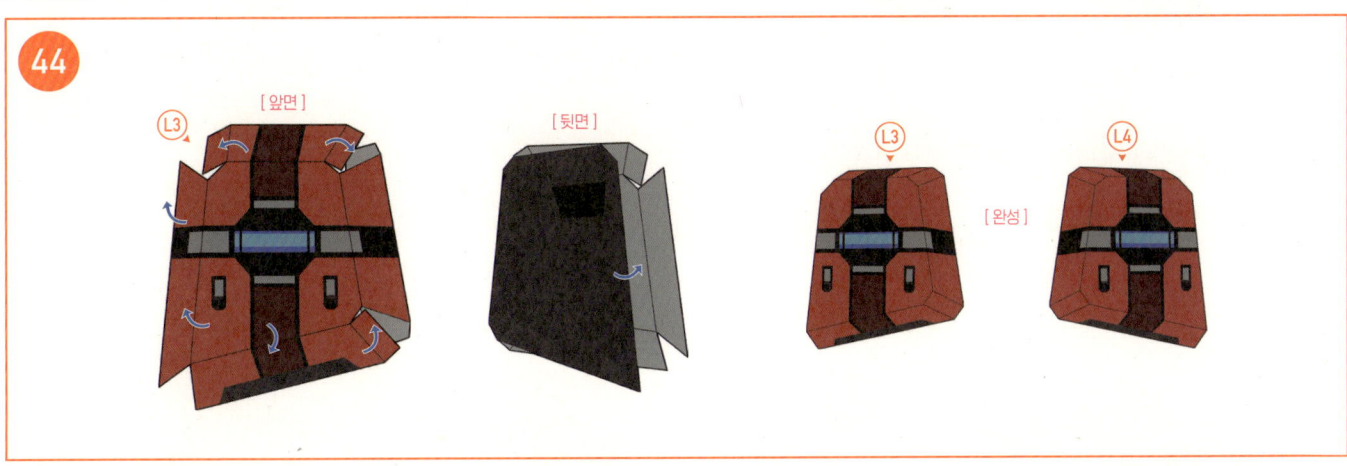

45

지정된 부위에 결합한다.

각 장갑을 접착한 부분은
종이가 접힌체로 살짝 뜨도록 만들어야 한다.
J1 부품의 사방 사각형 면은 접착하지 않는다.

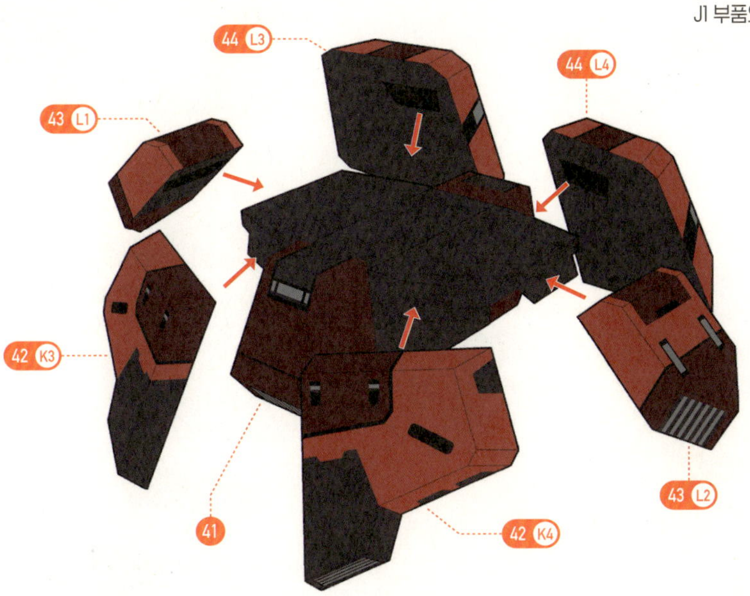

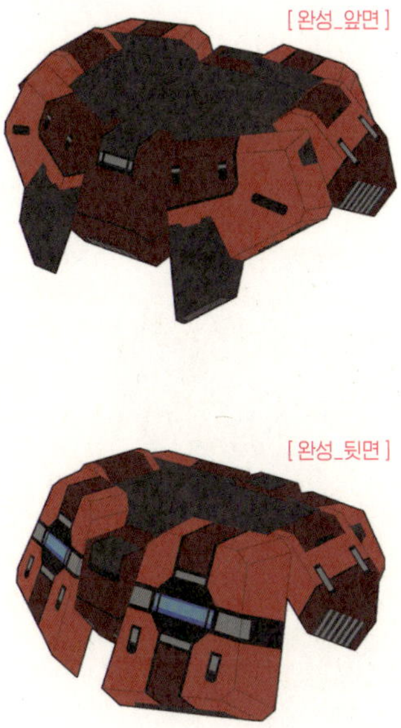

팔 만들기 (도면 M면 ~ O면)

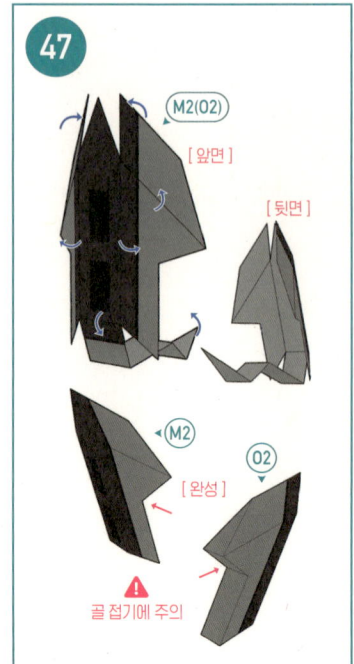

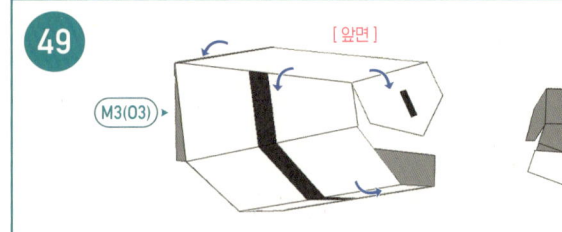
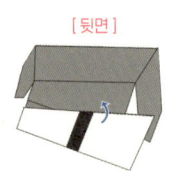
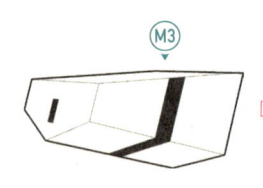
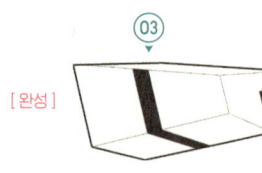
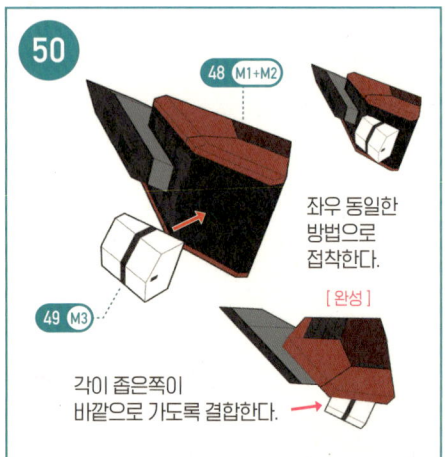
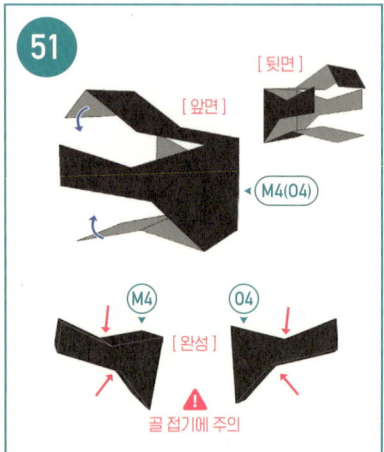

팔 만들기 (도면 M면 ~ O면)

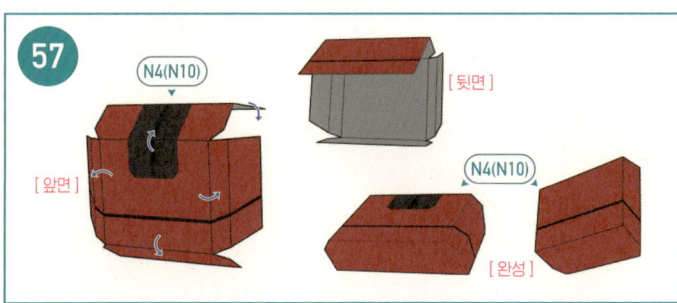
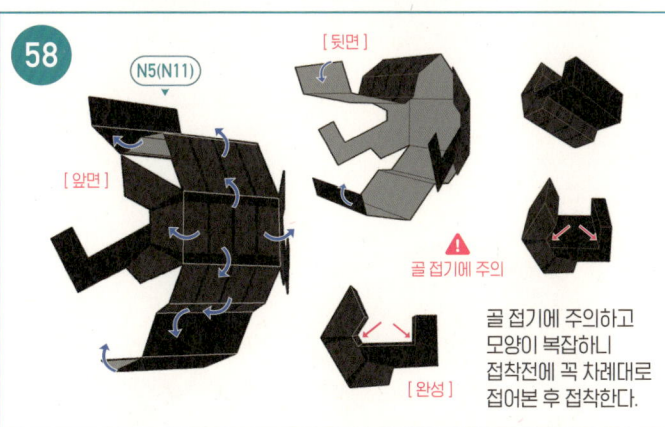

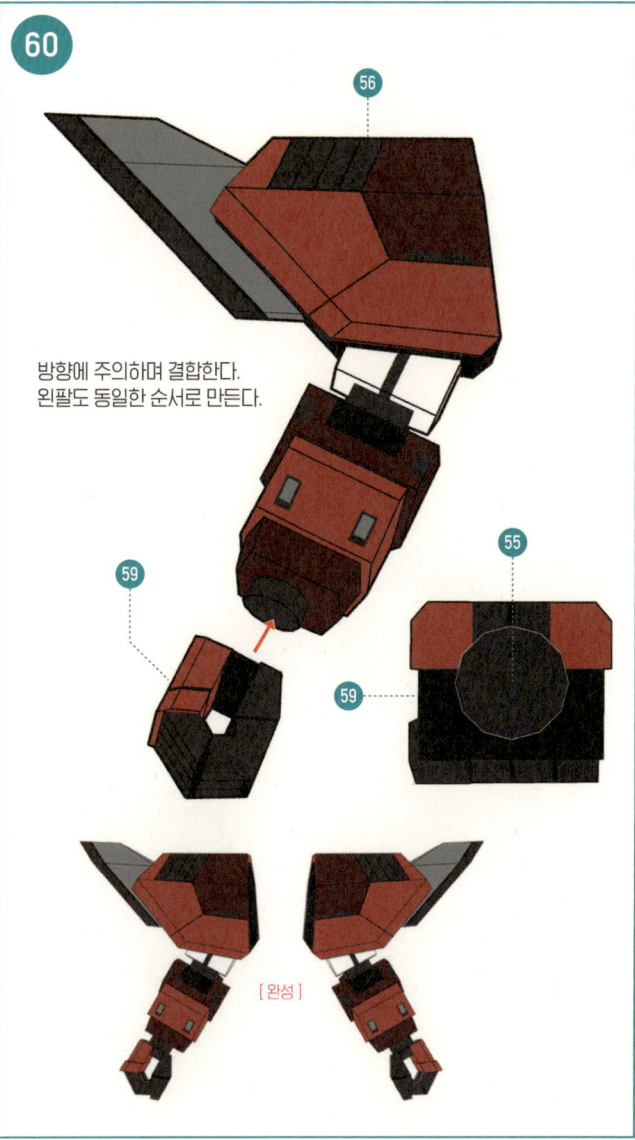

다리 만들기 (도면 P면 ~ R면)

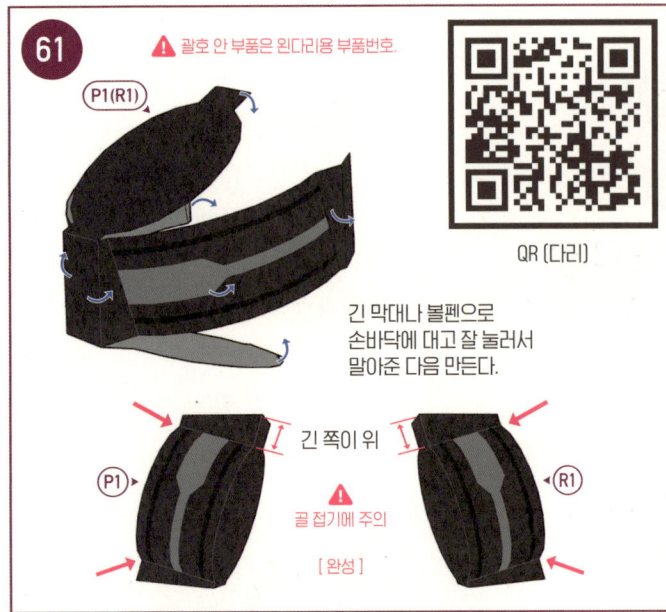

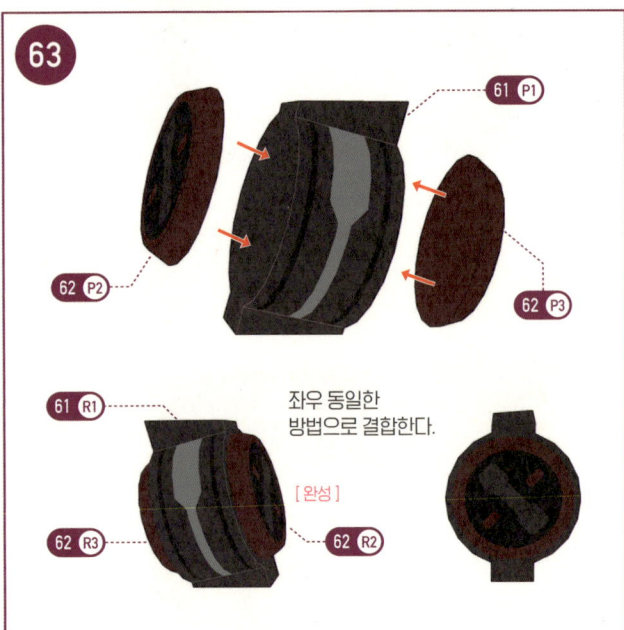

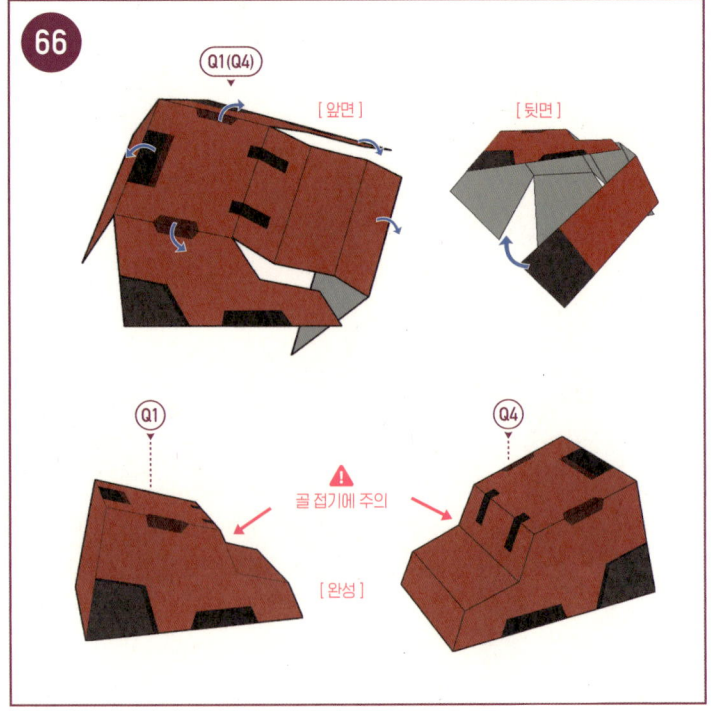

다리 만들기 (도면 P면 ~ R면)

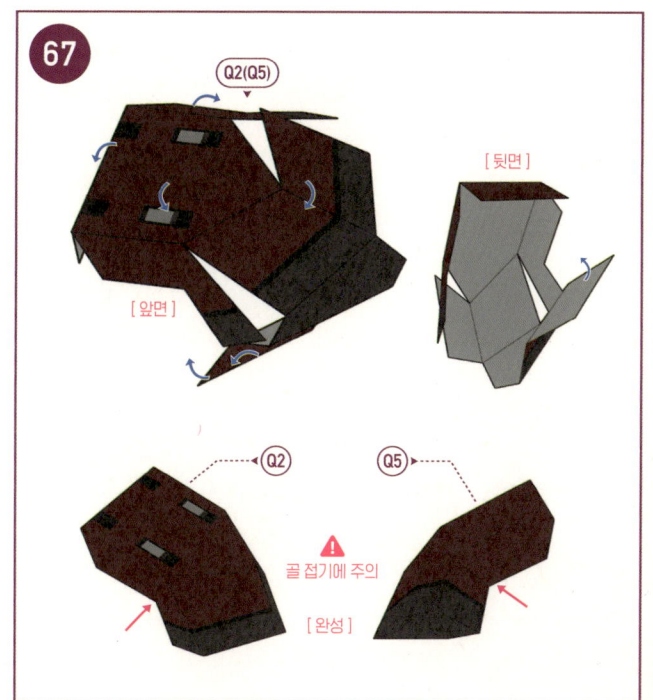

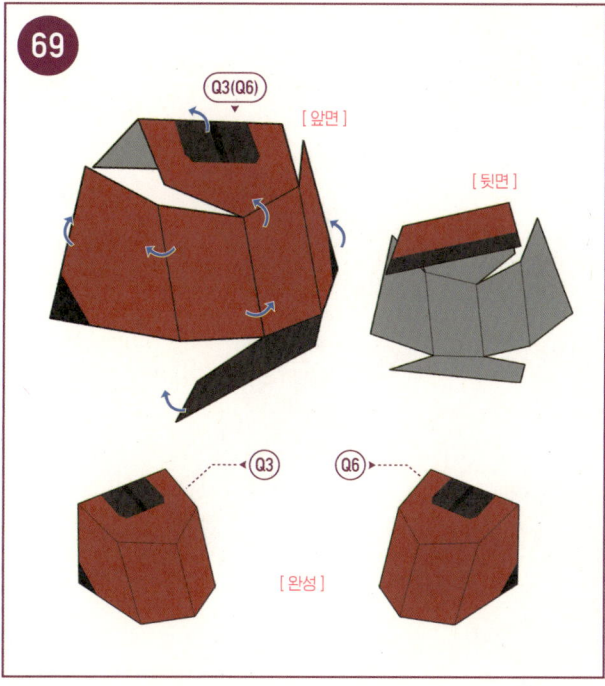

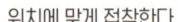

위치에 맞게 접착한다.

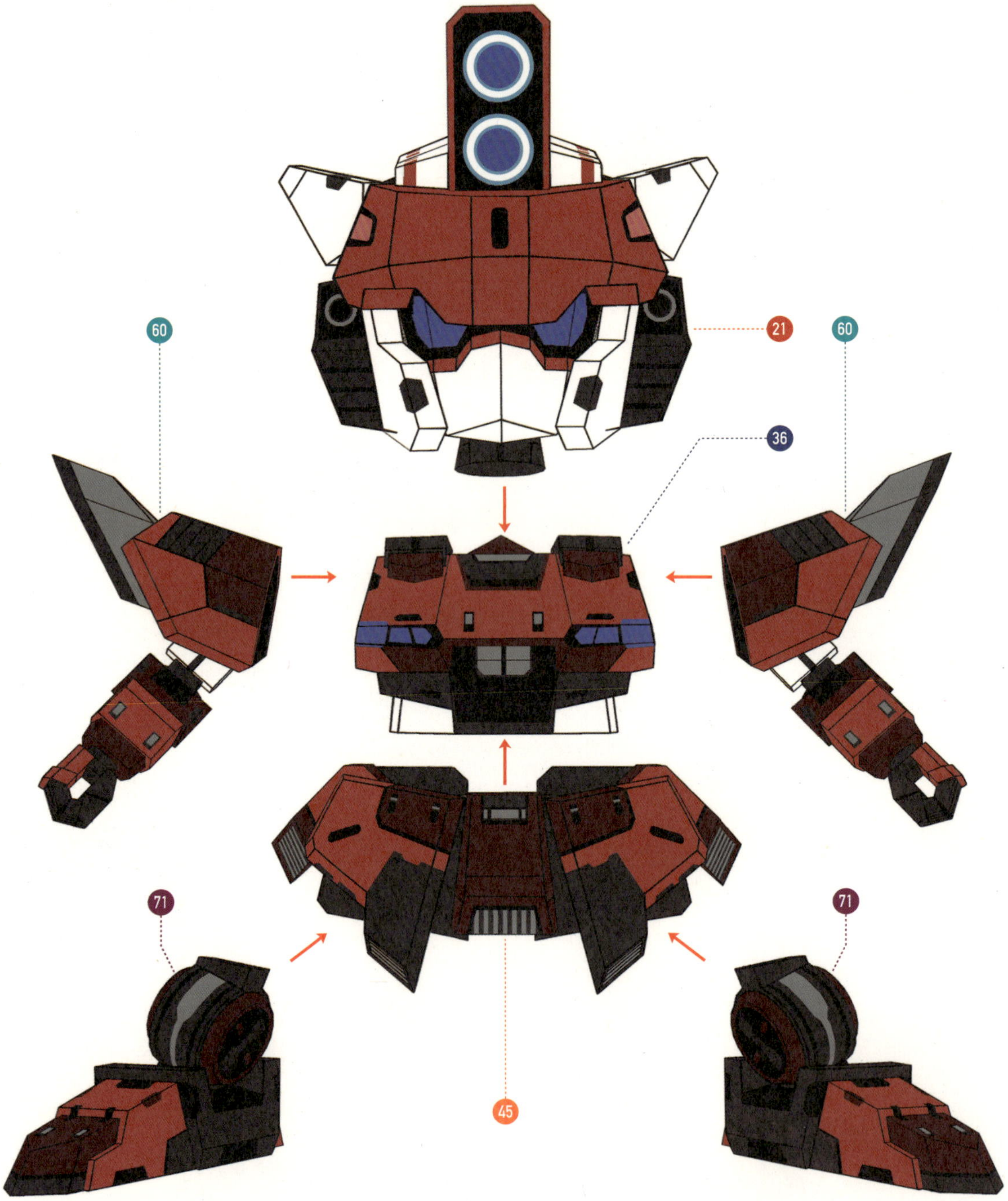

무기 만들기 (도면 S면 ~ T면)

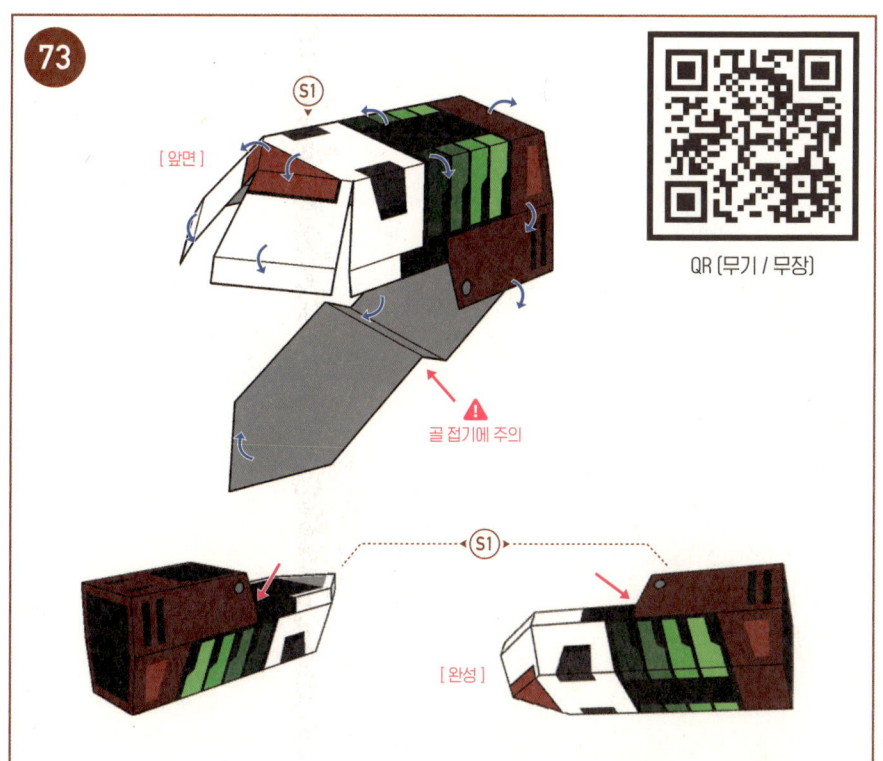

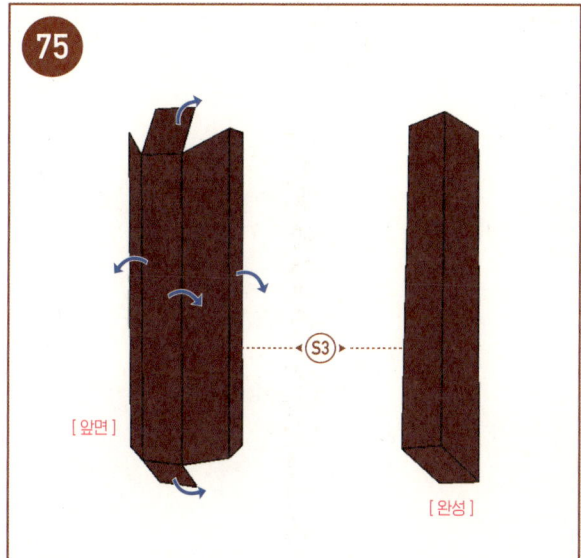
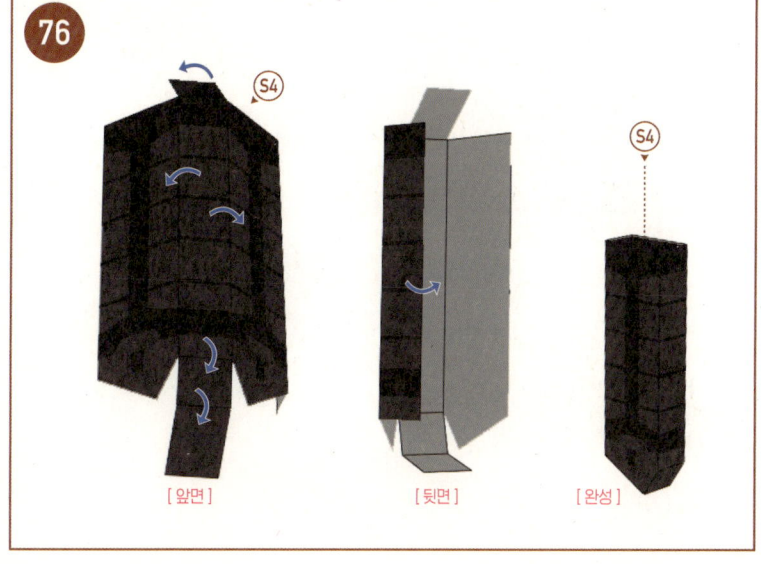
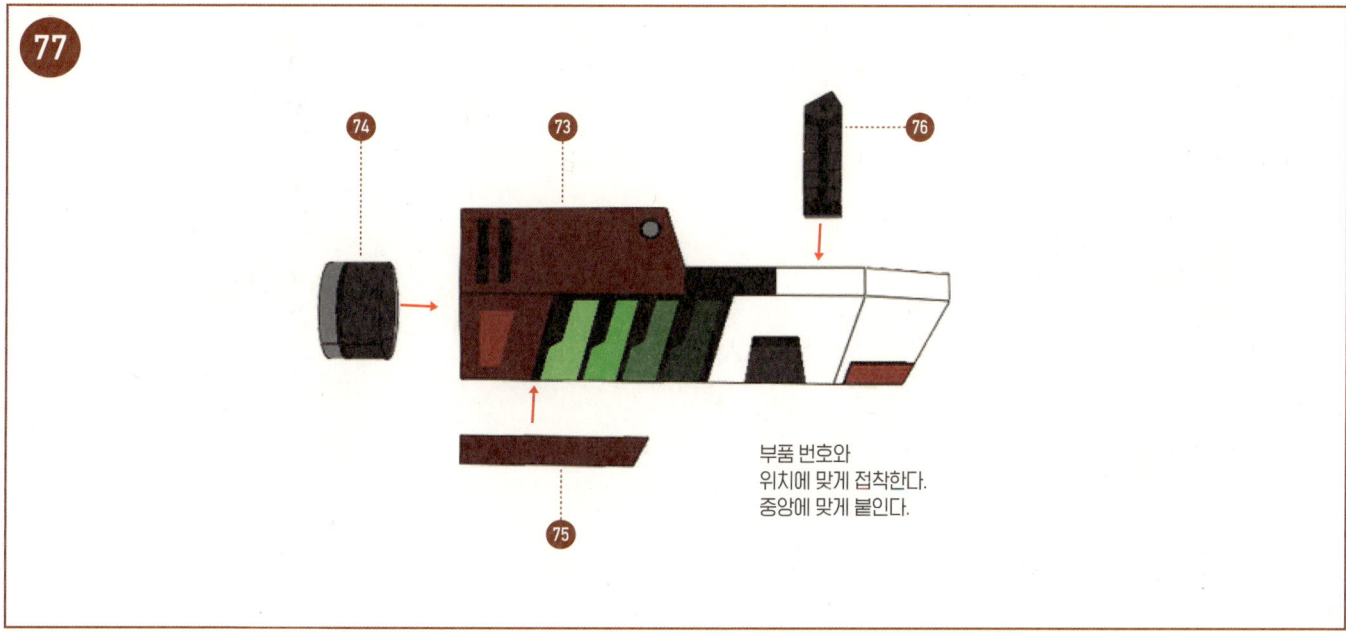

무기 만들기 (도면 S면 ~ T면)

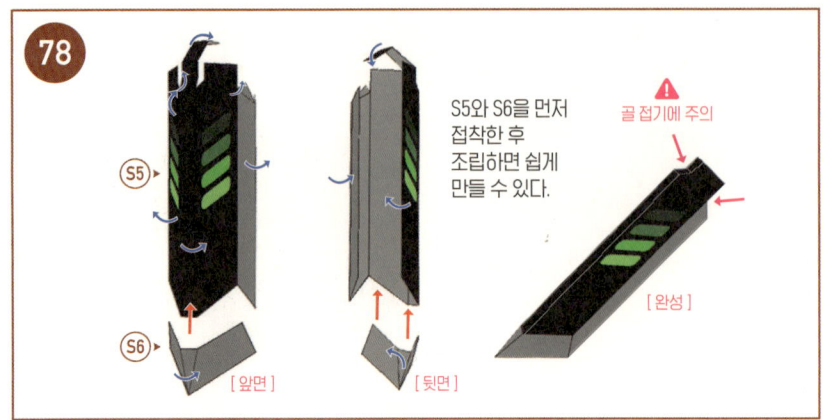

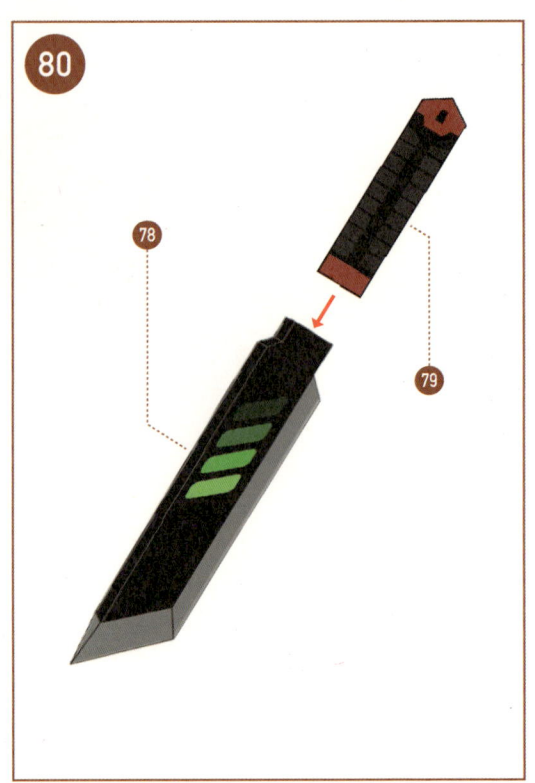

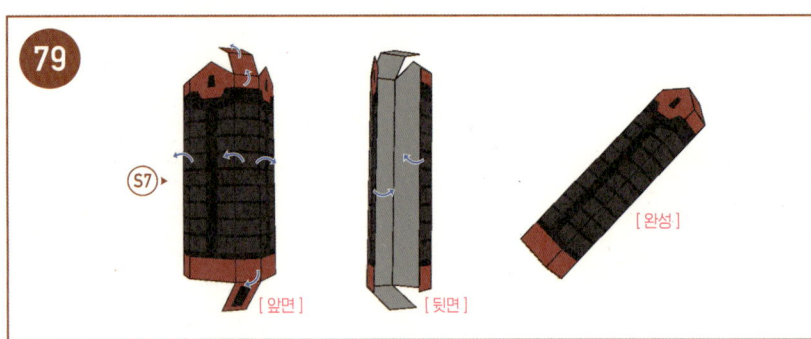

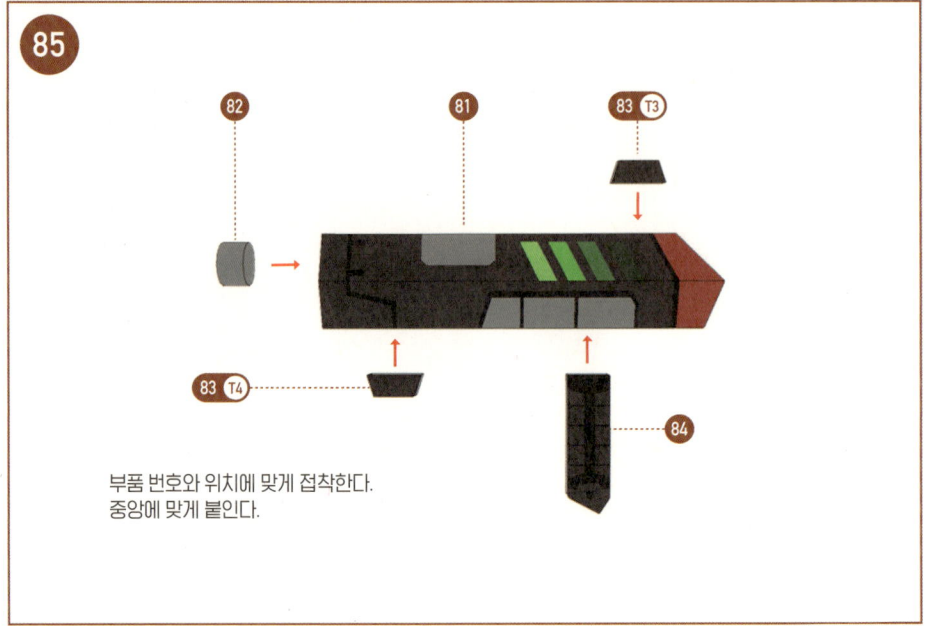

무기 만들기 (도면 S면 ~ T면)

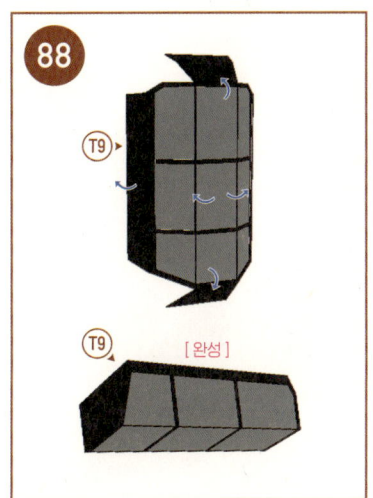

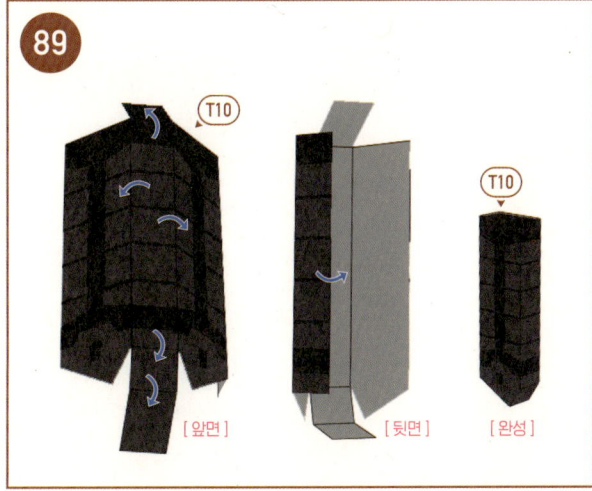

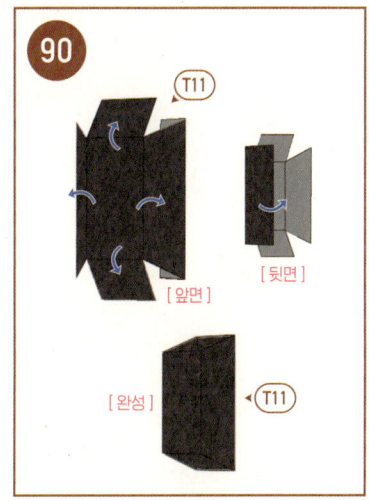

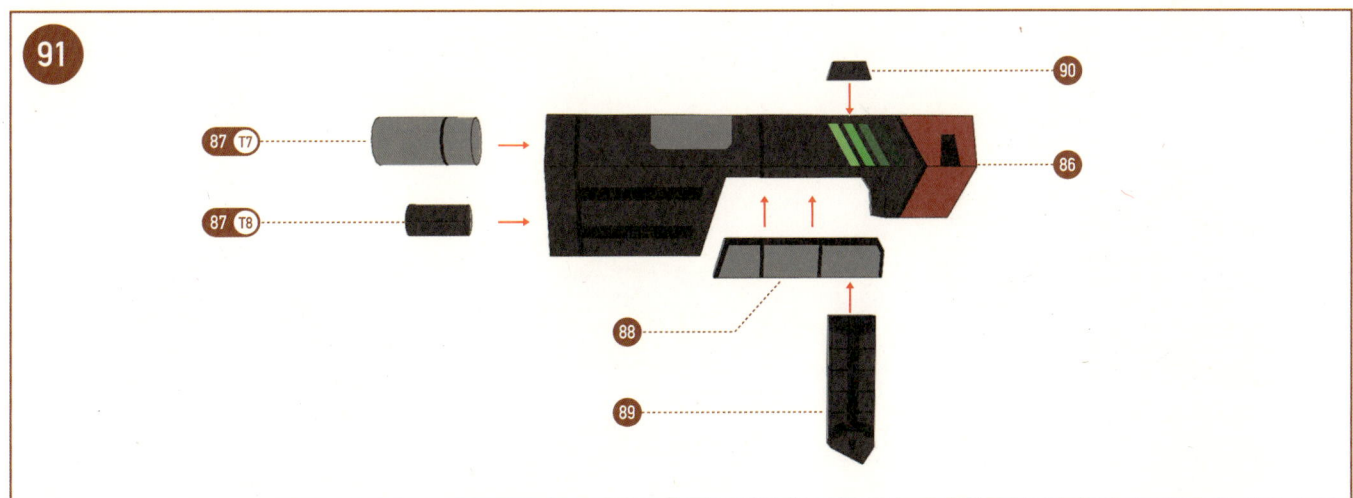

무장 만들기 (도면 U면 ~ X면)

93
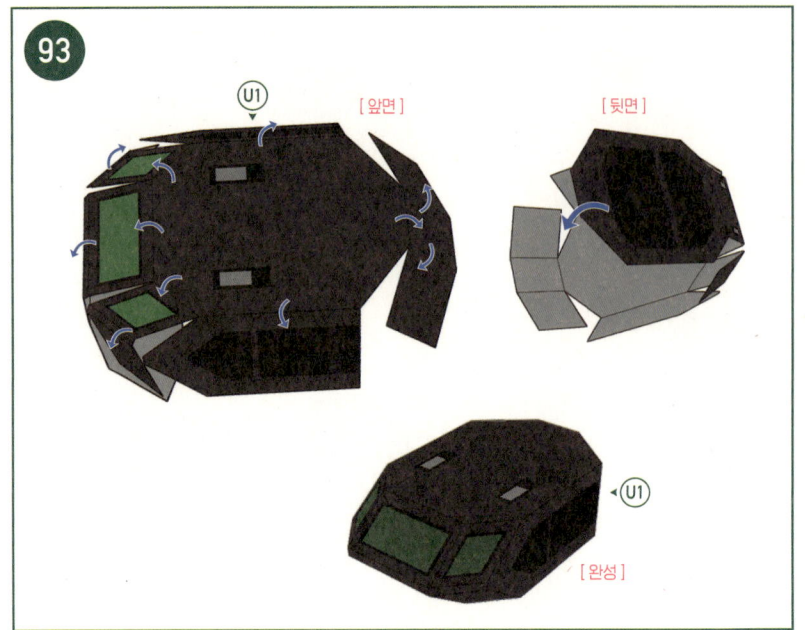

94
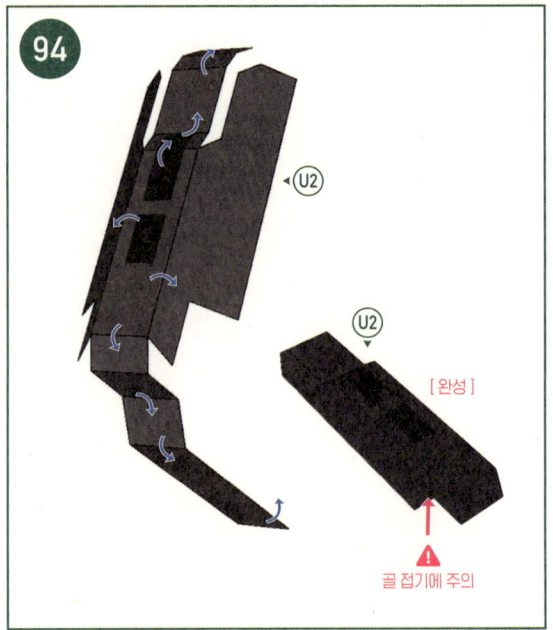
골 접기에 주의

95

U3, U4, V2, W2는 같은 모양으로 V3, W3 안에 들어가는 내부 보강용 지지대이다. 플랩을 골 접기로 접어 준비한다.

96
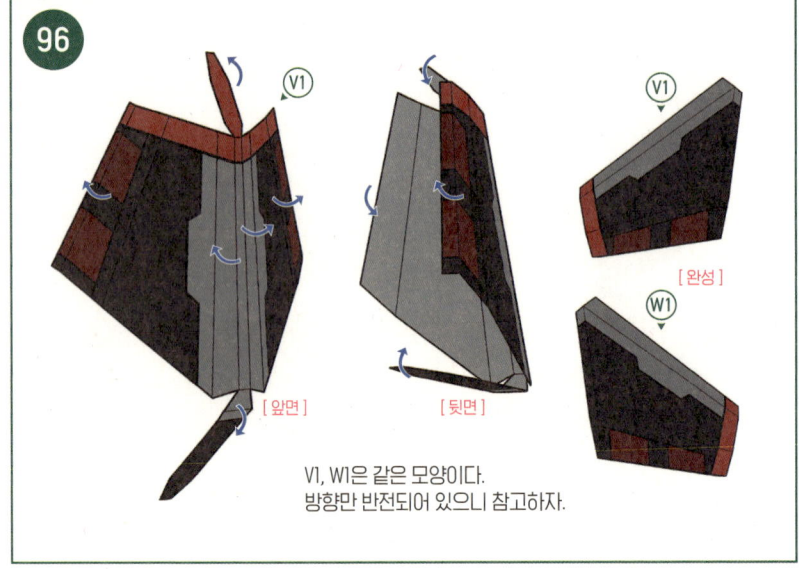
V1, W1은 같은 모양이다. 방향만 반전되어 있으니 참고하자.

97

V3, W3는 같은 모양으로 방향만 반전되어 있으니 참고하자.

골 접기에 주의

먼저 보강용 지지대(95)를 V3(W3) 안쪽에 접착한다.

골 접기에 주의

무장 만들기 (도면 U면 ~ X면)

98

무늬 있는 면이 아래 방향이다.

99

X2, X3은 같은 모양으로 방향만 반전되어 있으니 참고하자.

100

부품 번호와 위치에 맞게 접착한다.

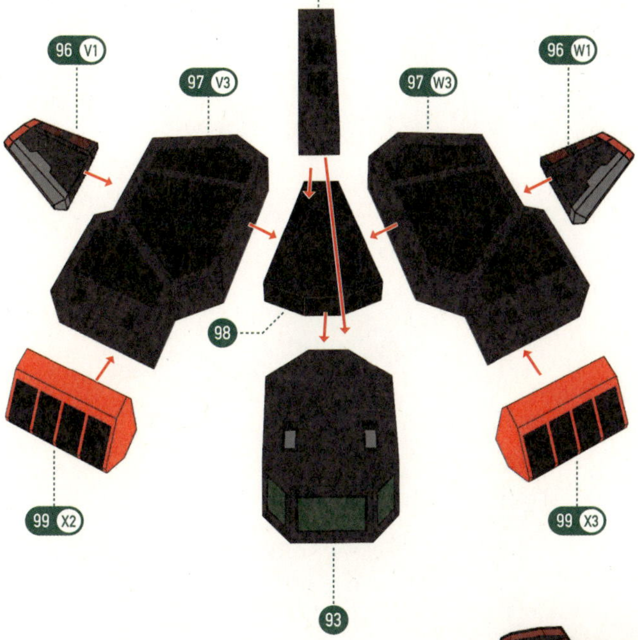

94번과 98번을 먼저 접착한 후 93번에 붙인다.
97번에 96, 99번을 먼저 붙이고 98에 접착해 완성한다.

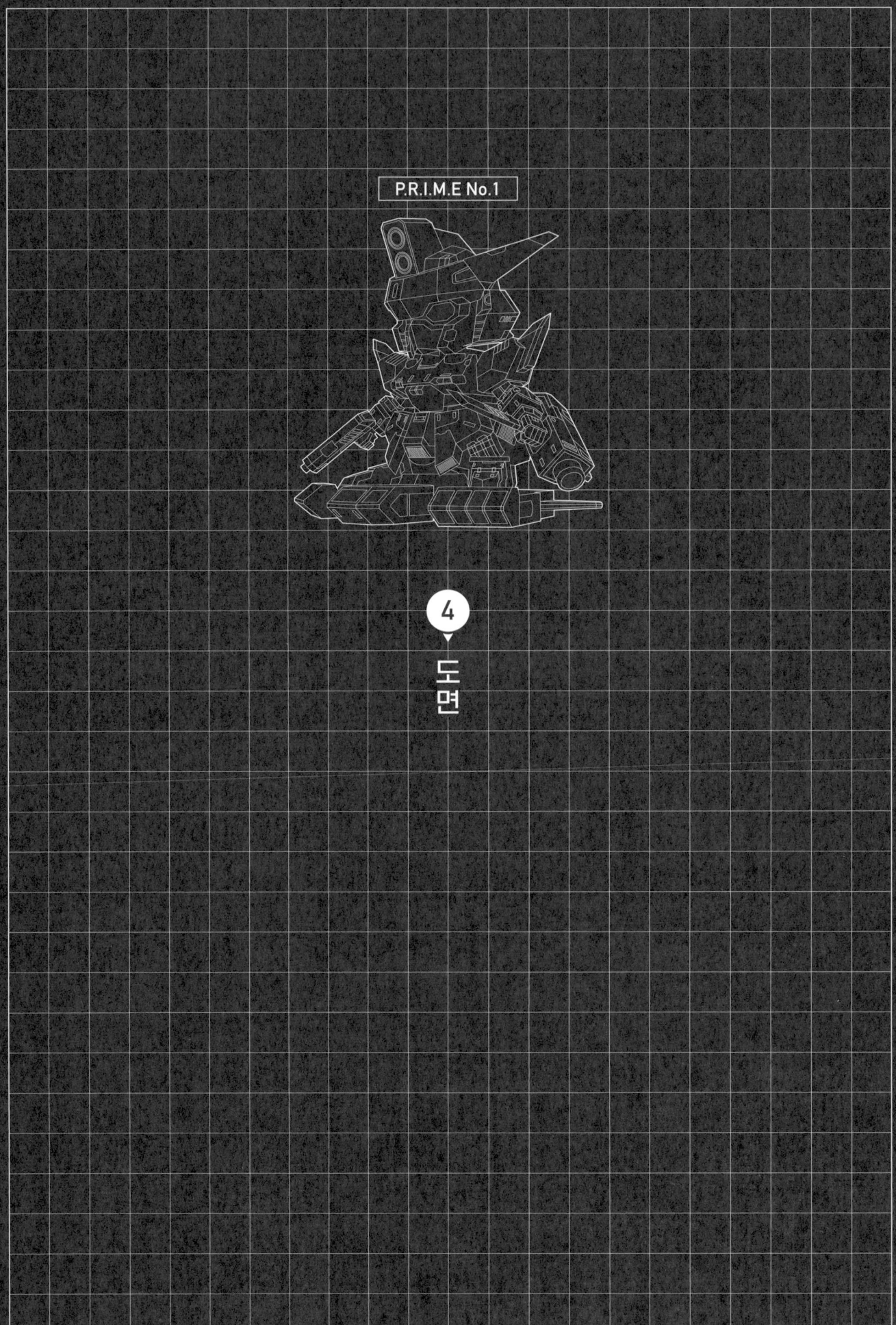

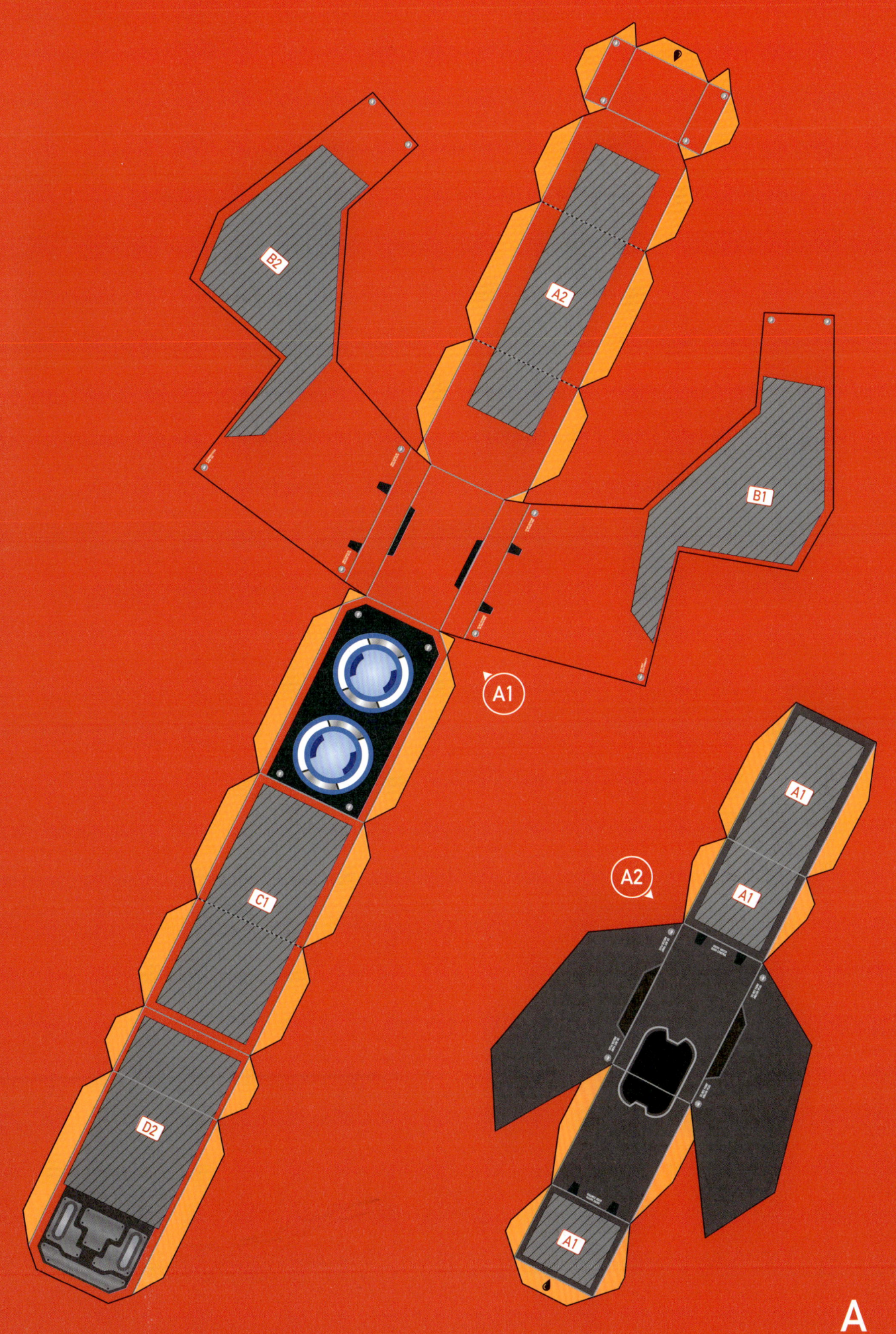

A1

A2

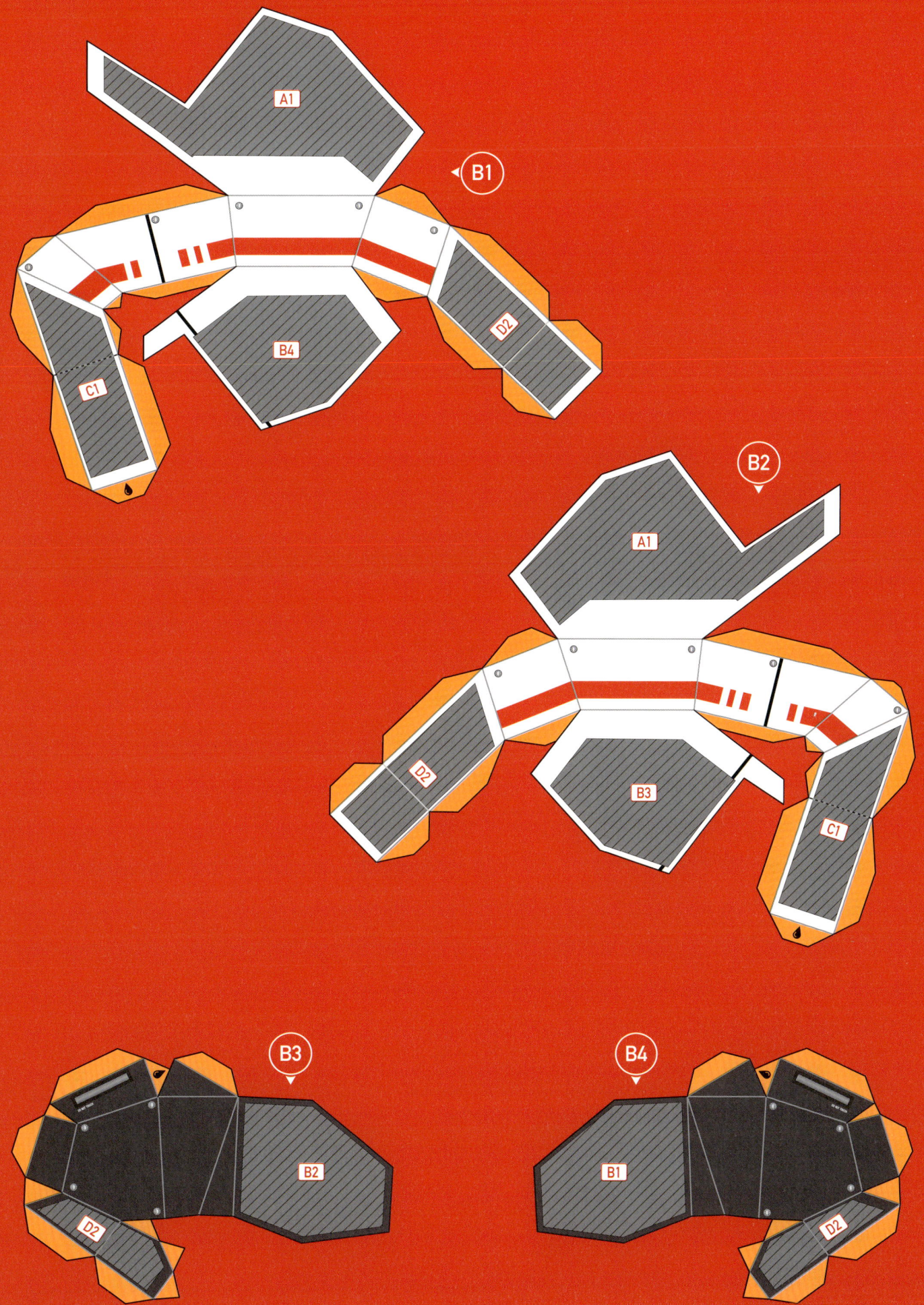

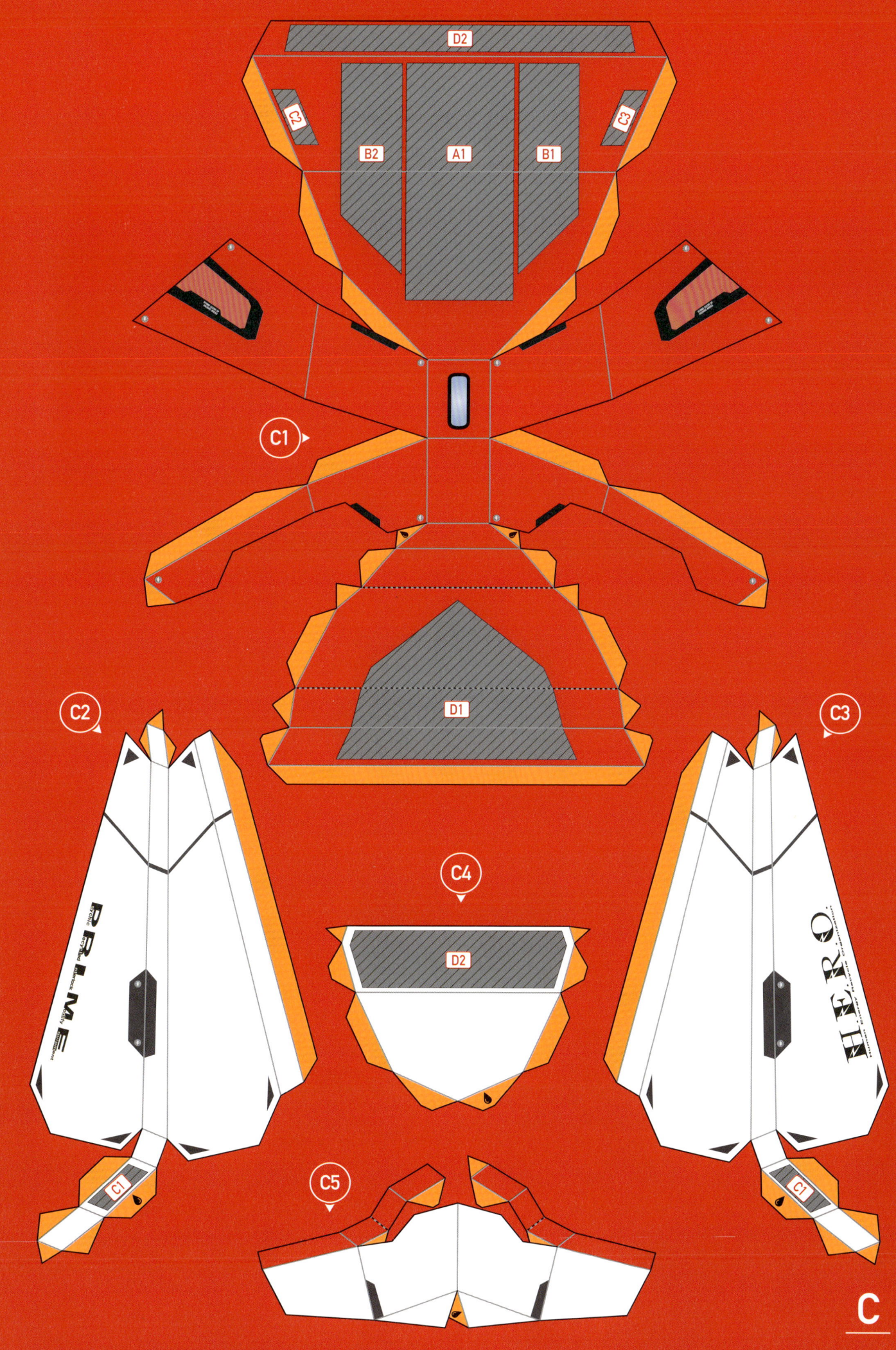

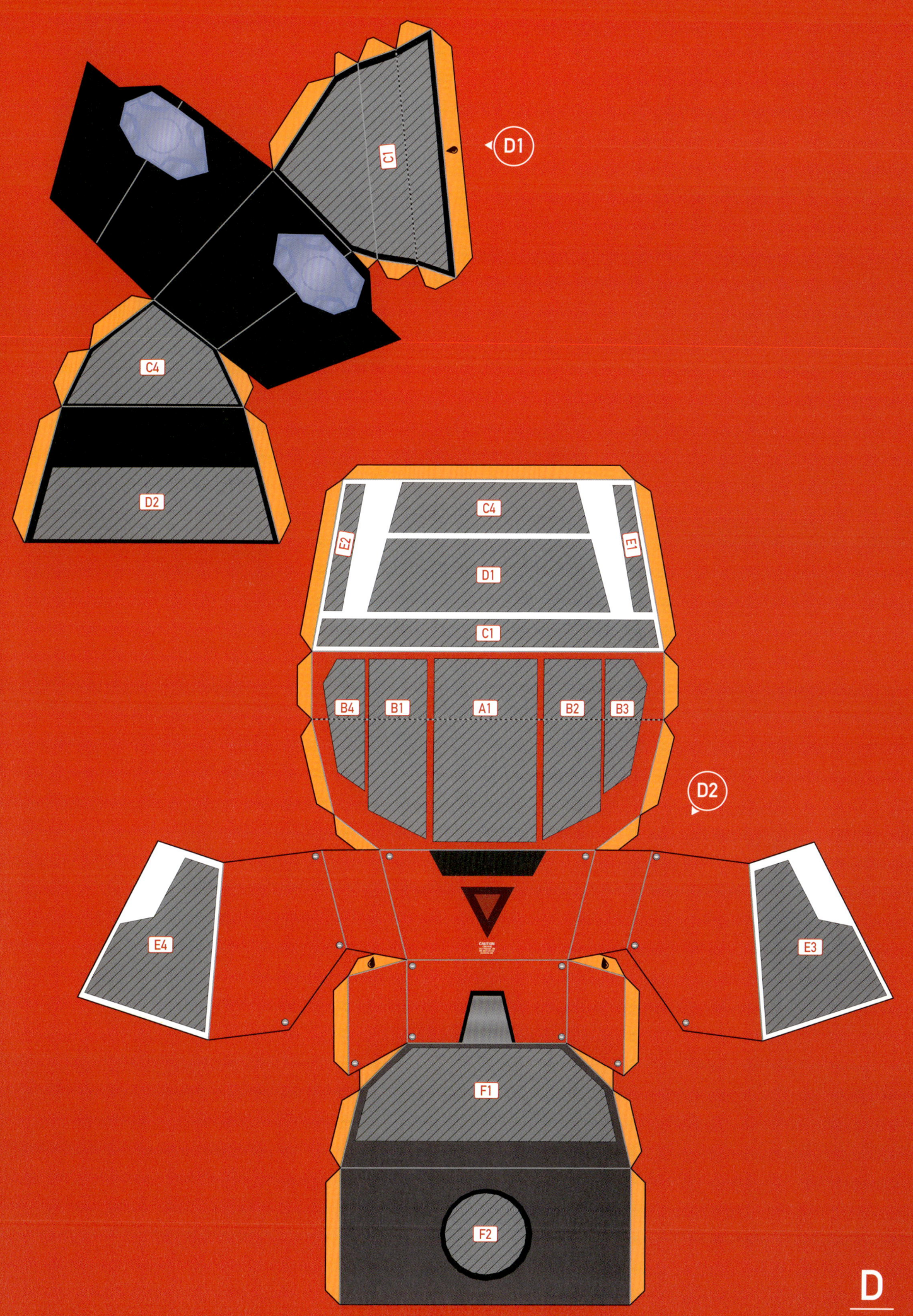

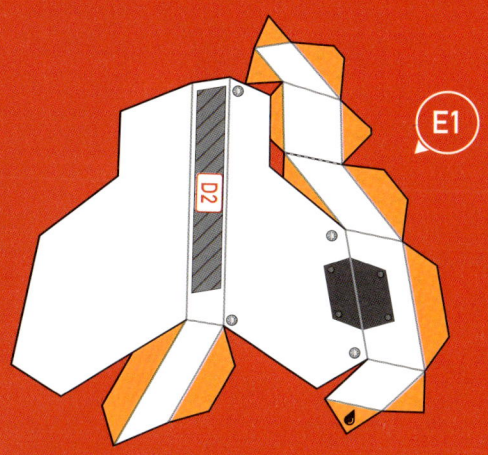
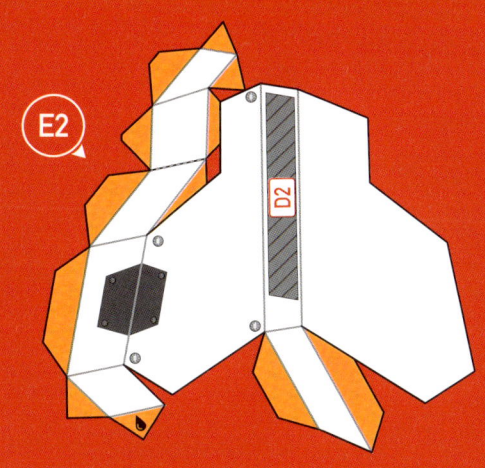
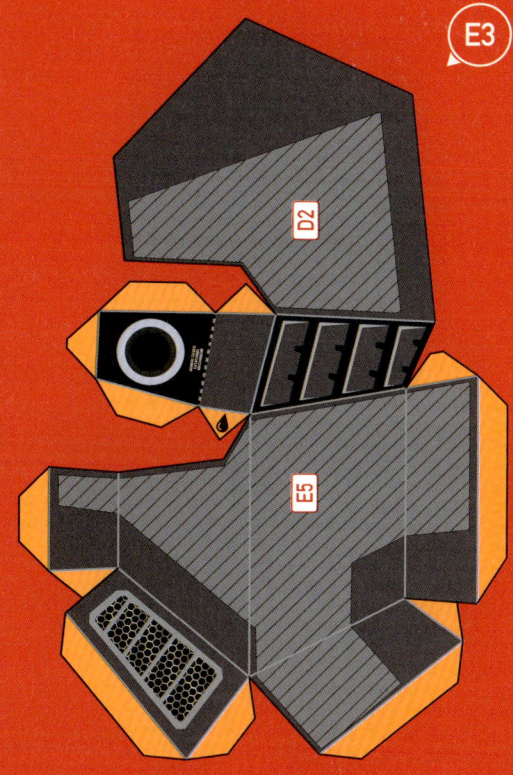
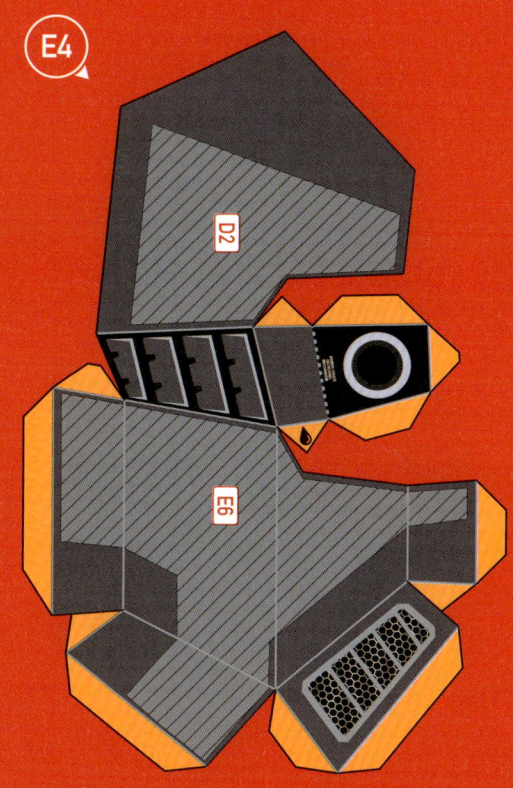
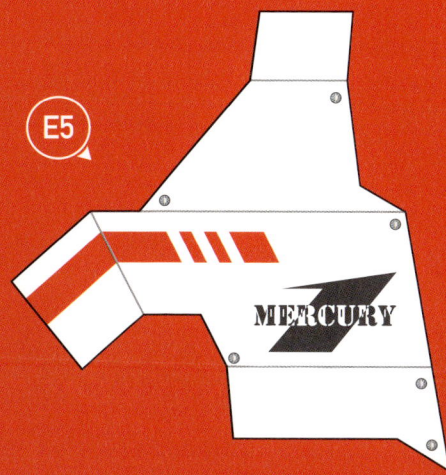
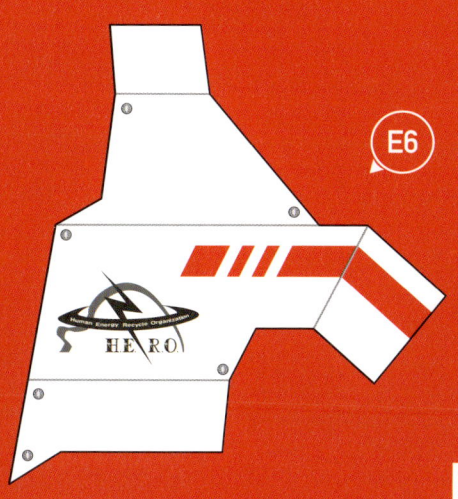

E

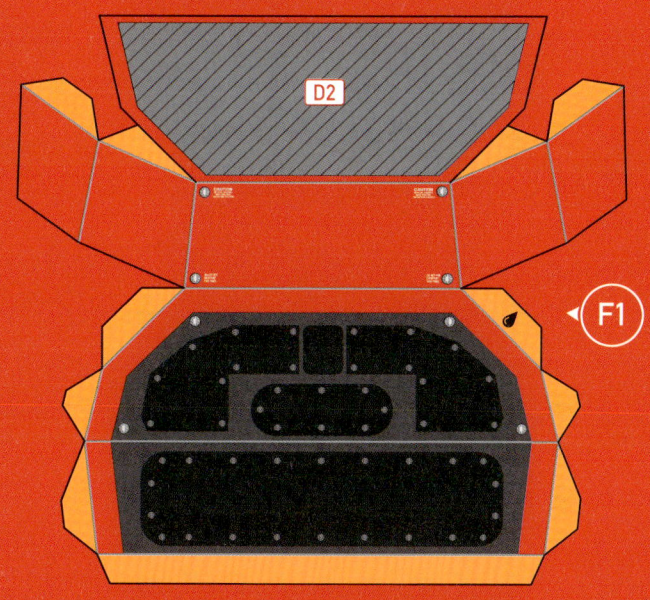
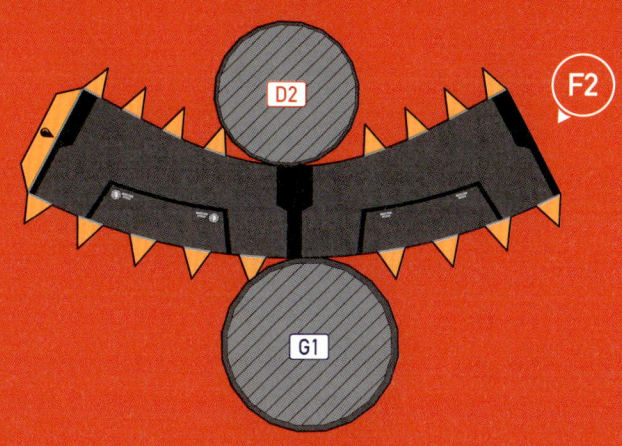

F

F1

F2

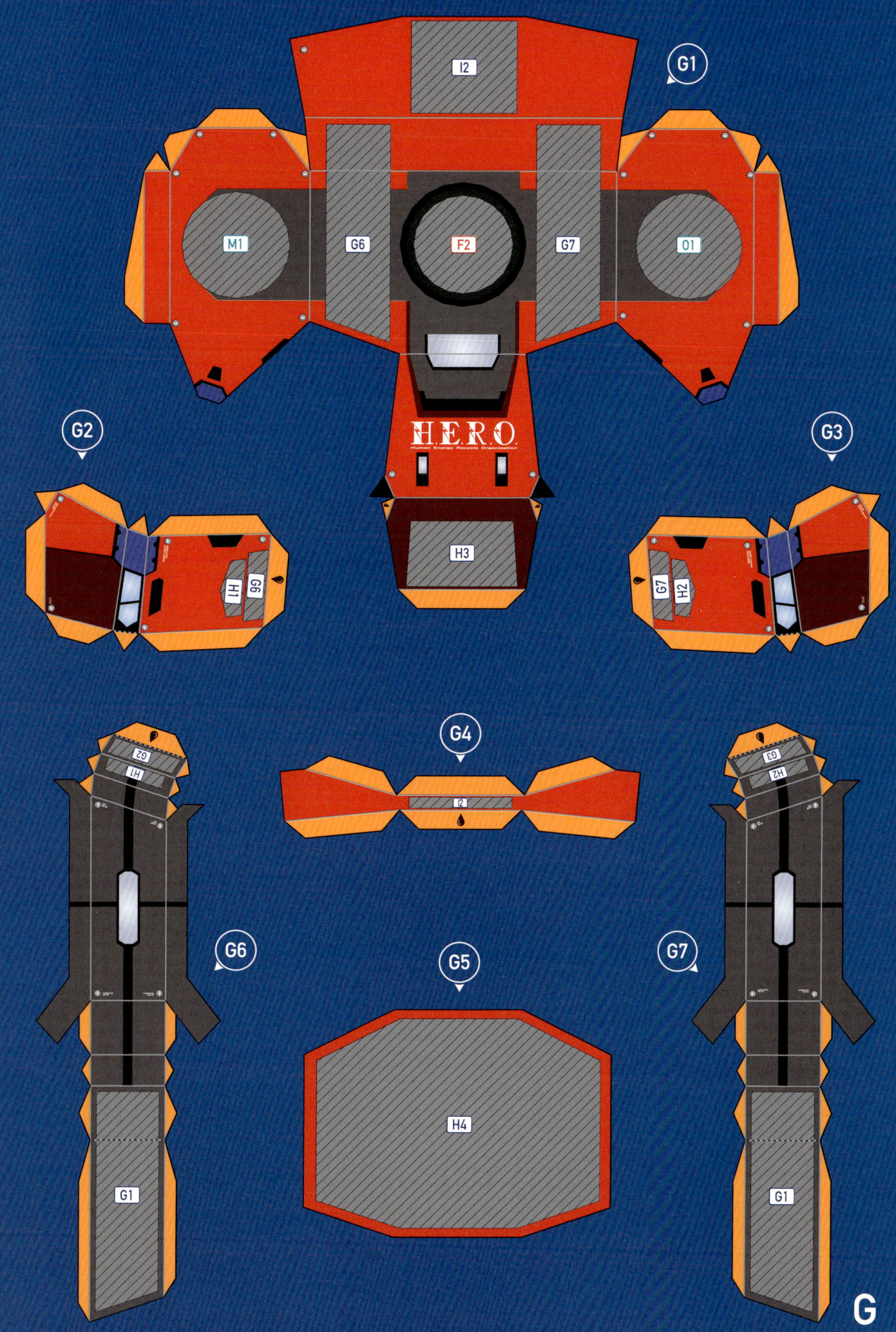

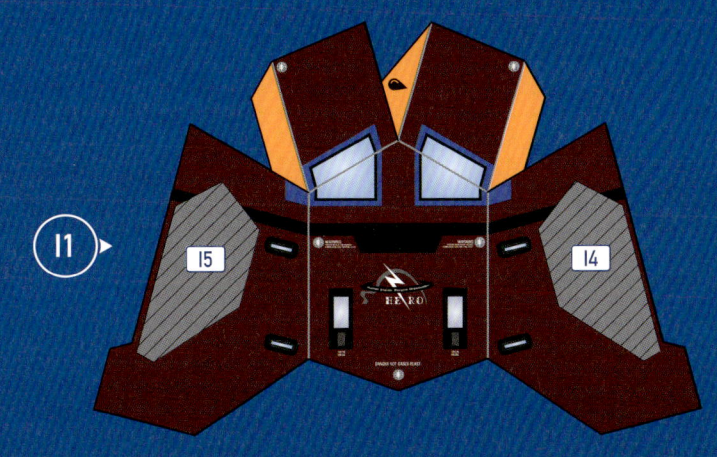

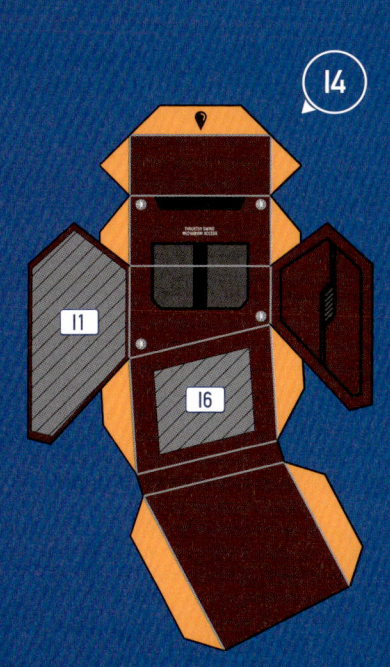
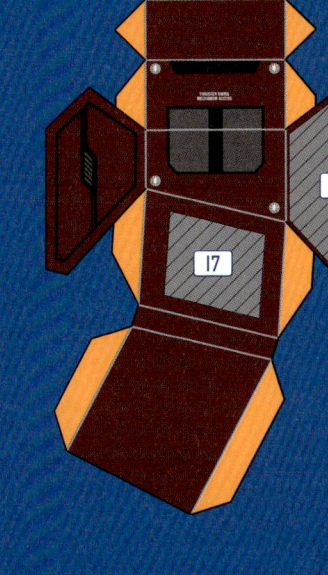
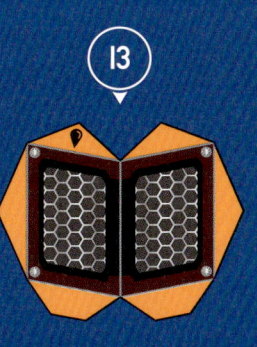
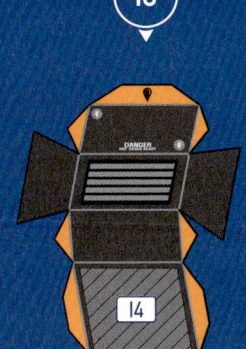
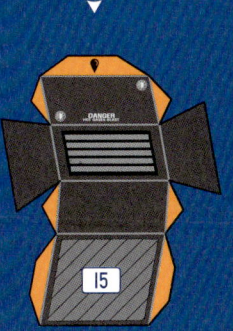

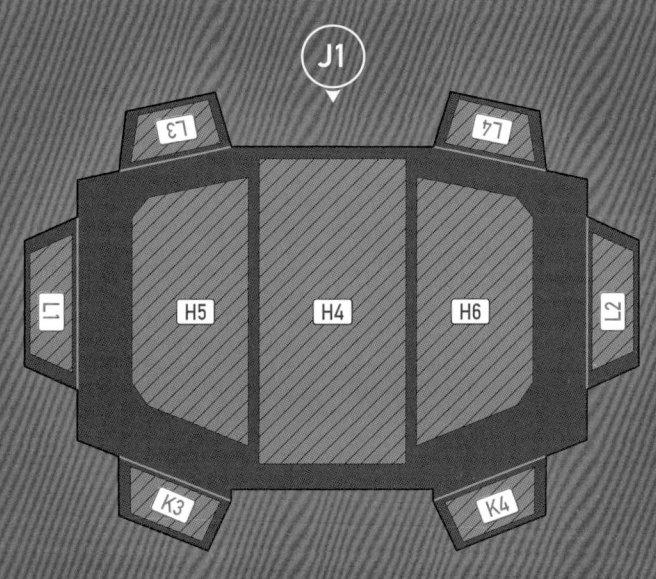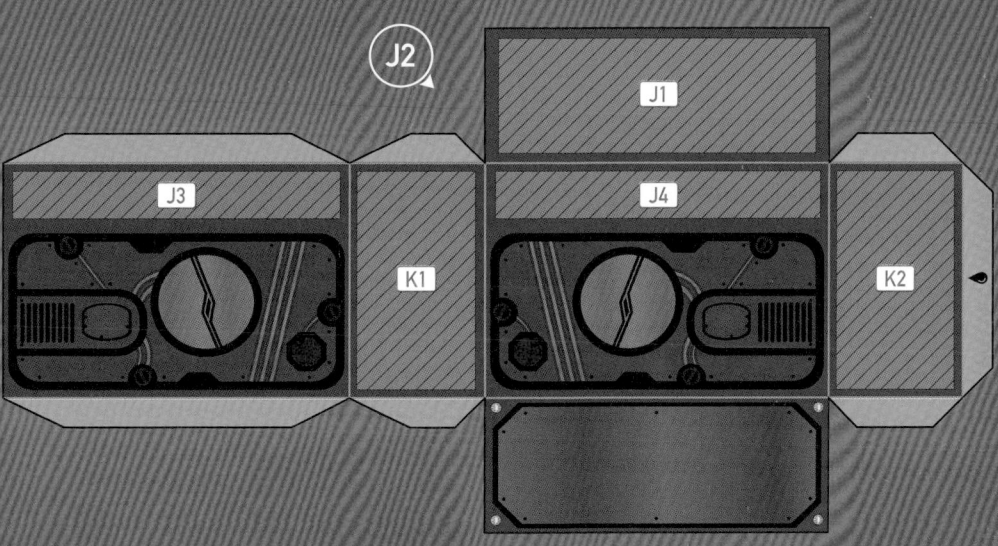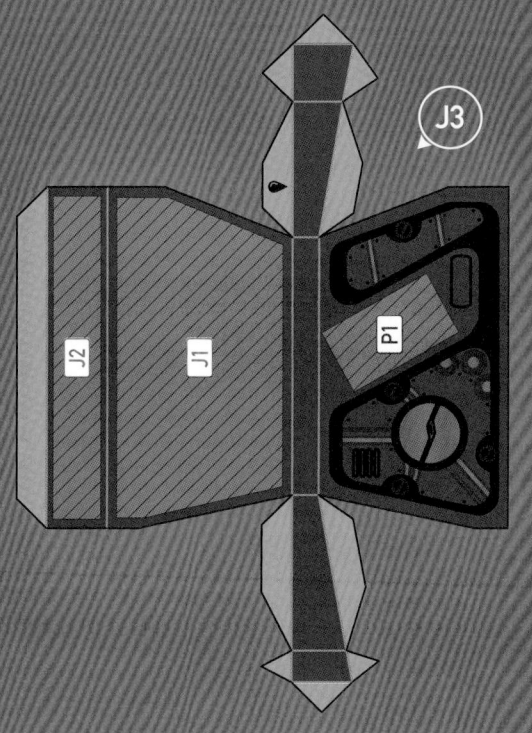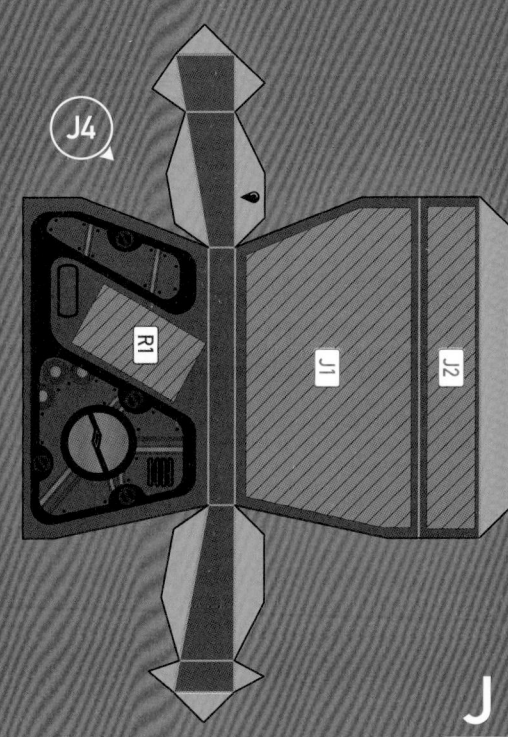

J1

J2

J4 J3

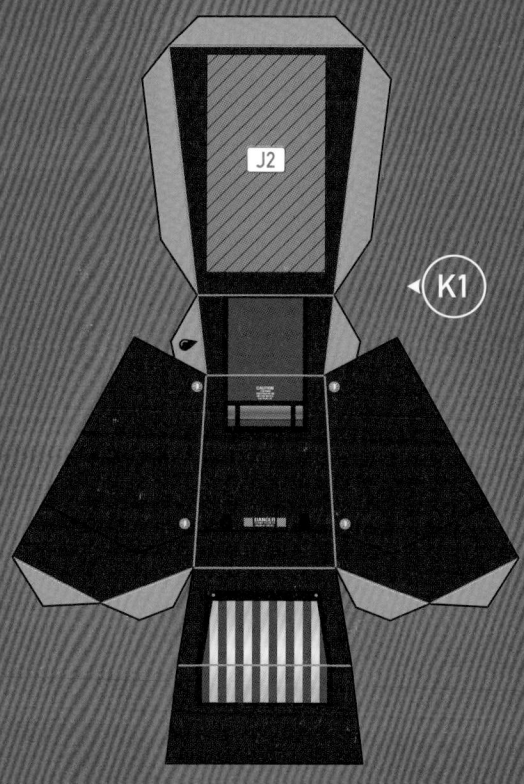
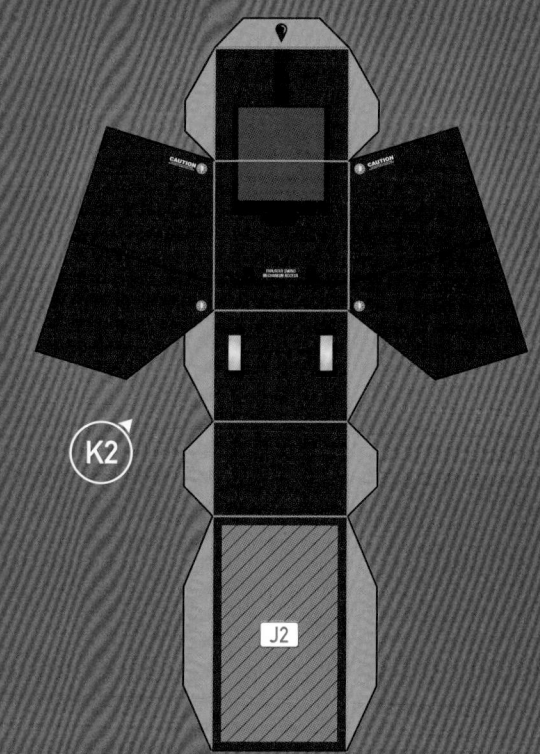
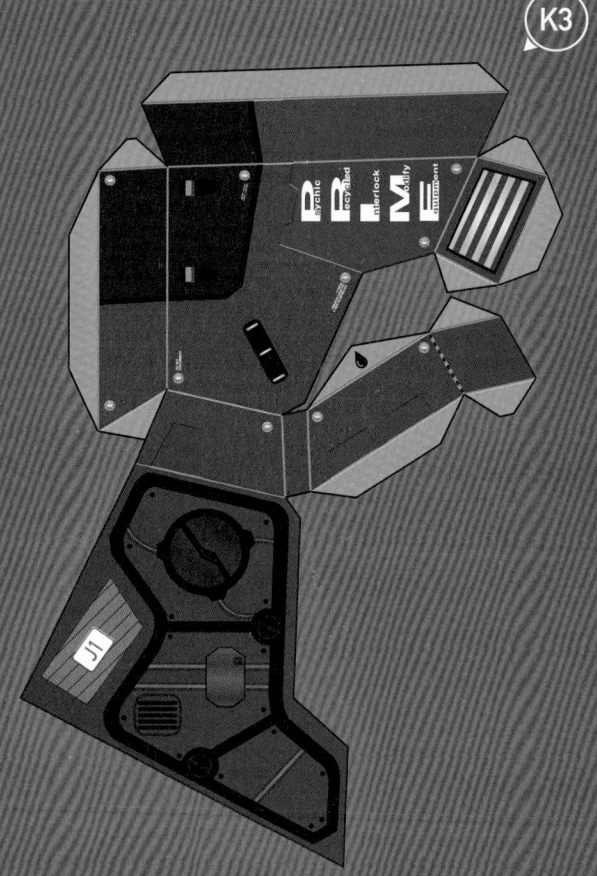
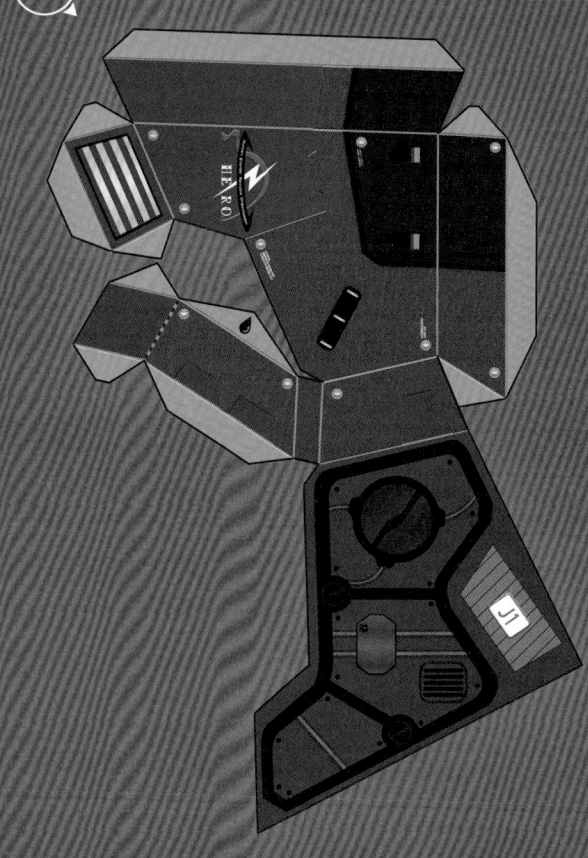

K

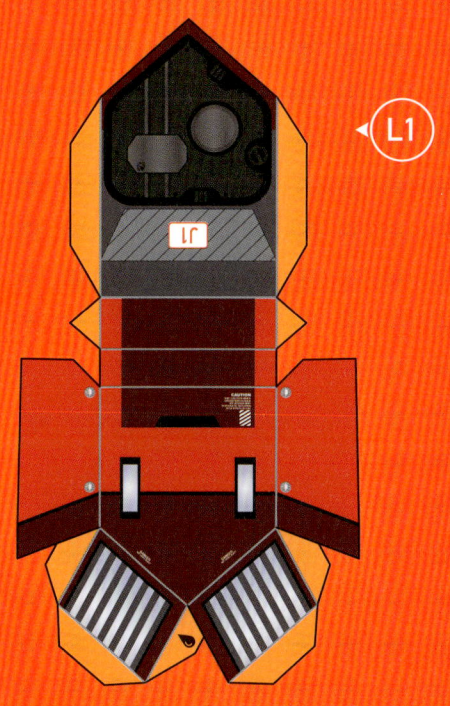 L1
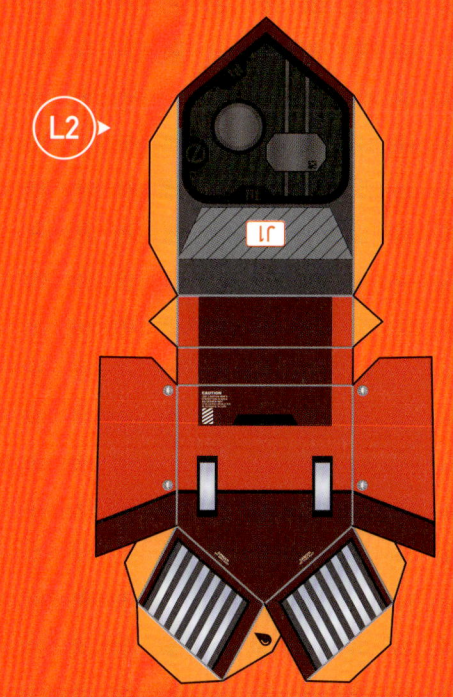 L2
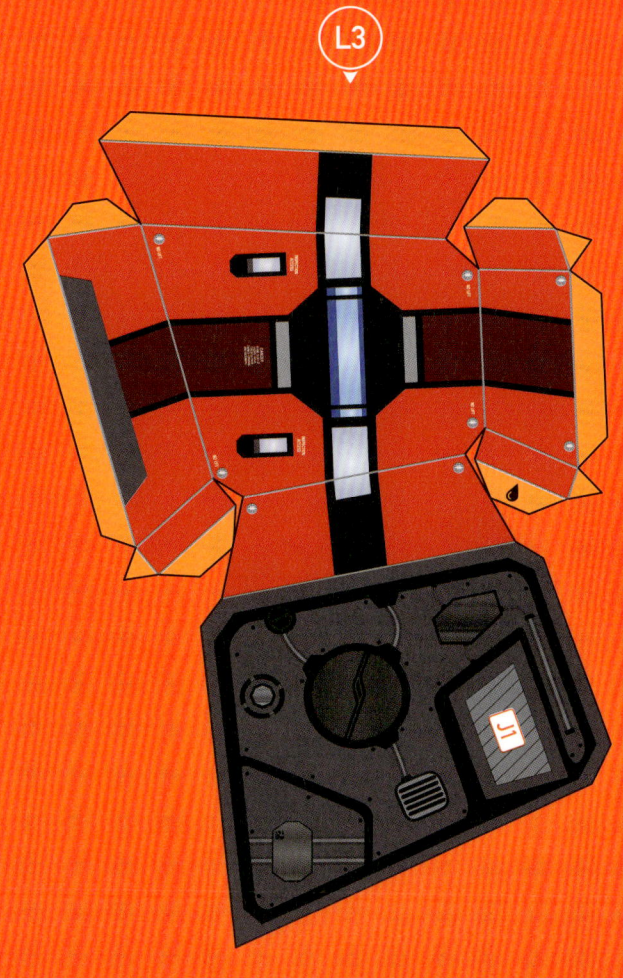 L3
 L4

L

오른팔

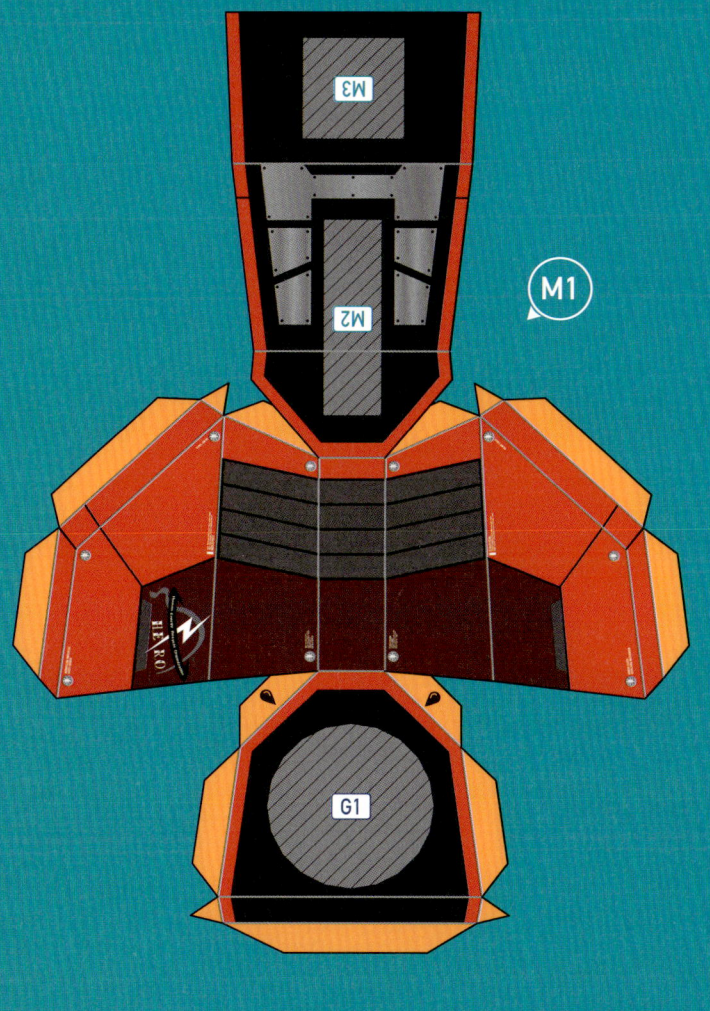
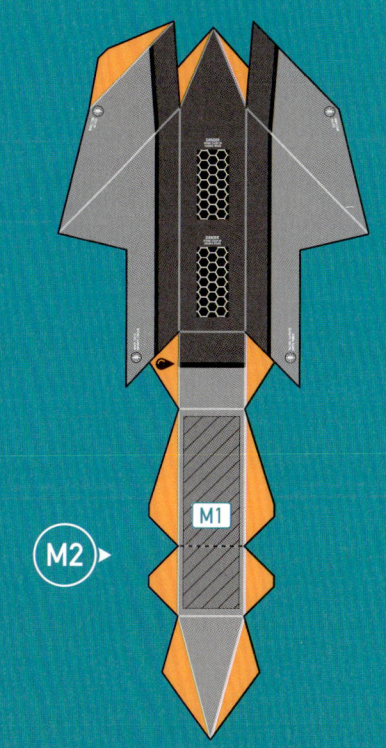
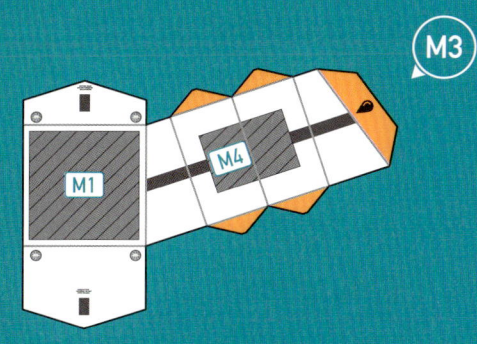
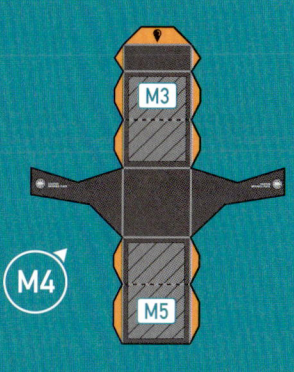
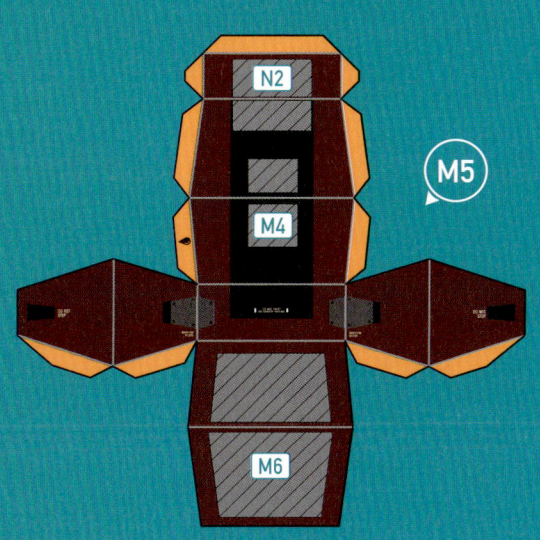
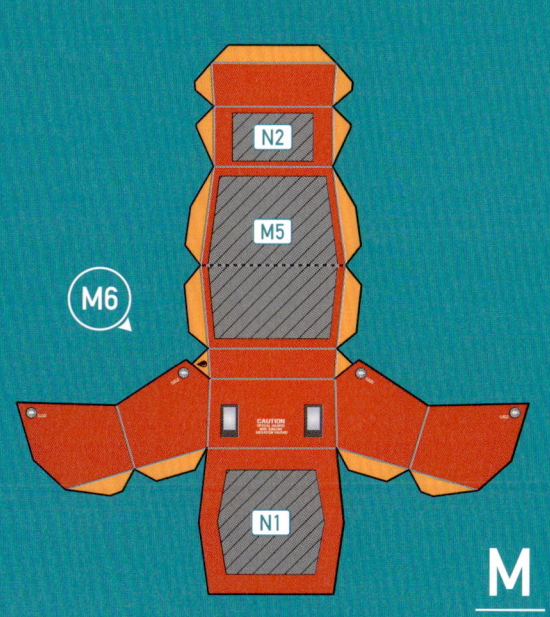

M

오른팔

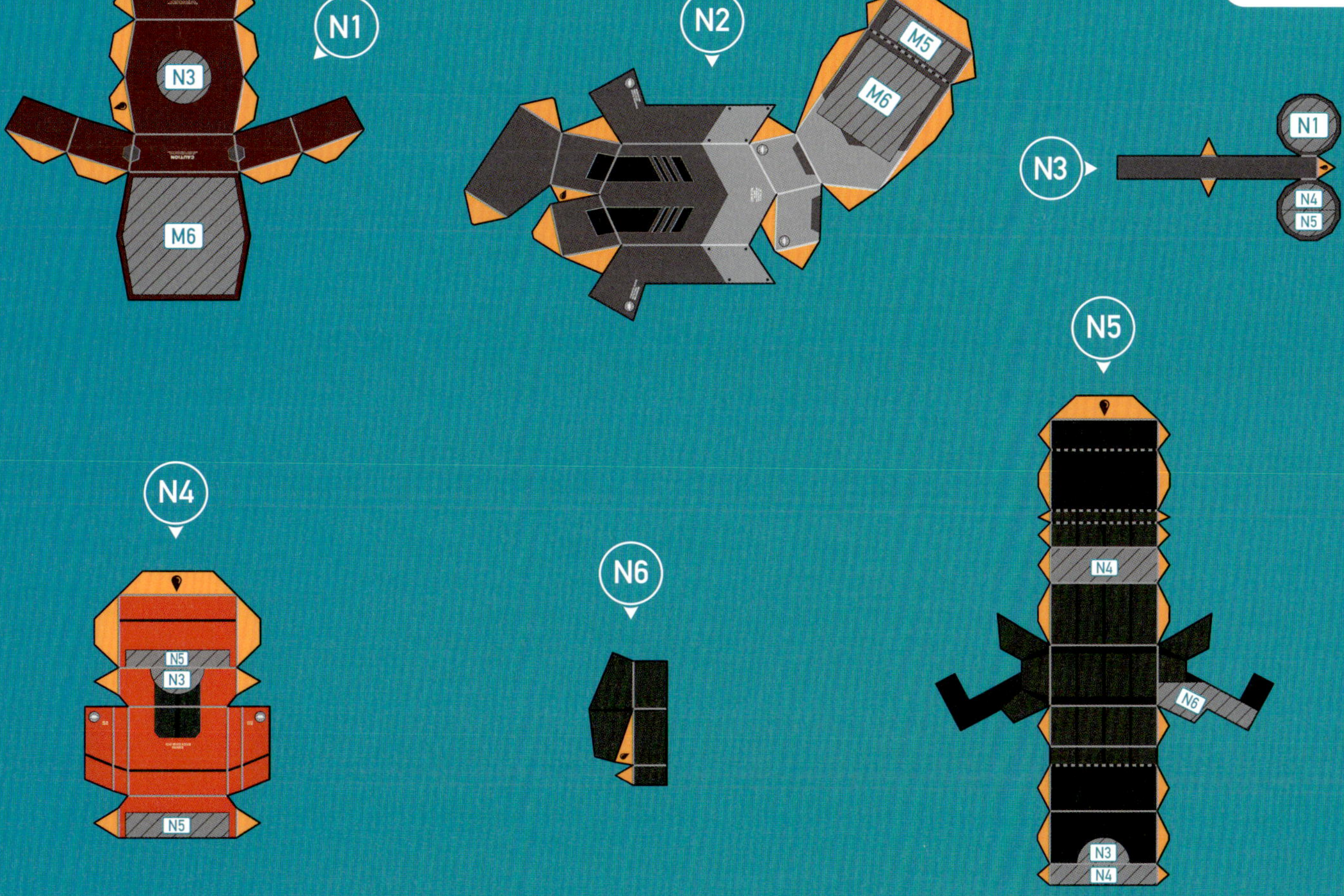

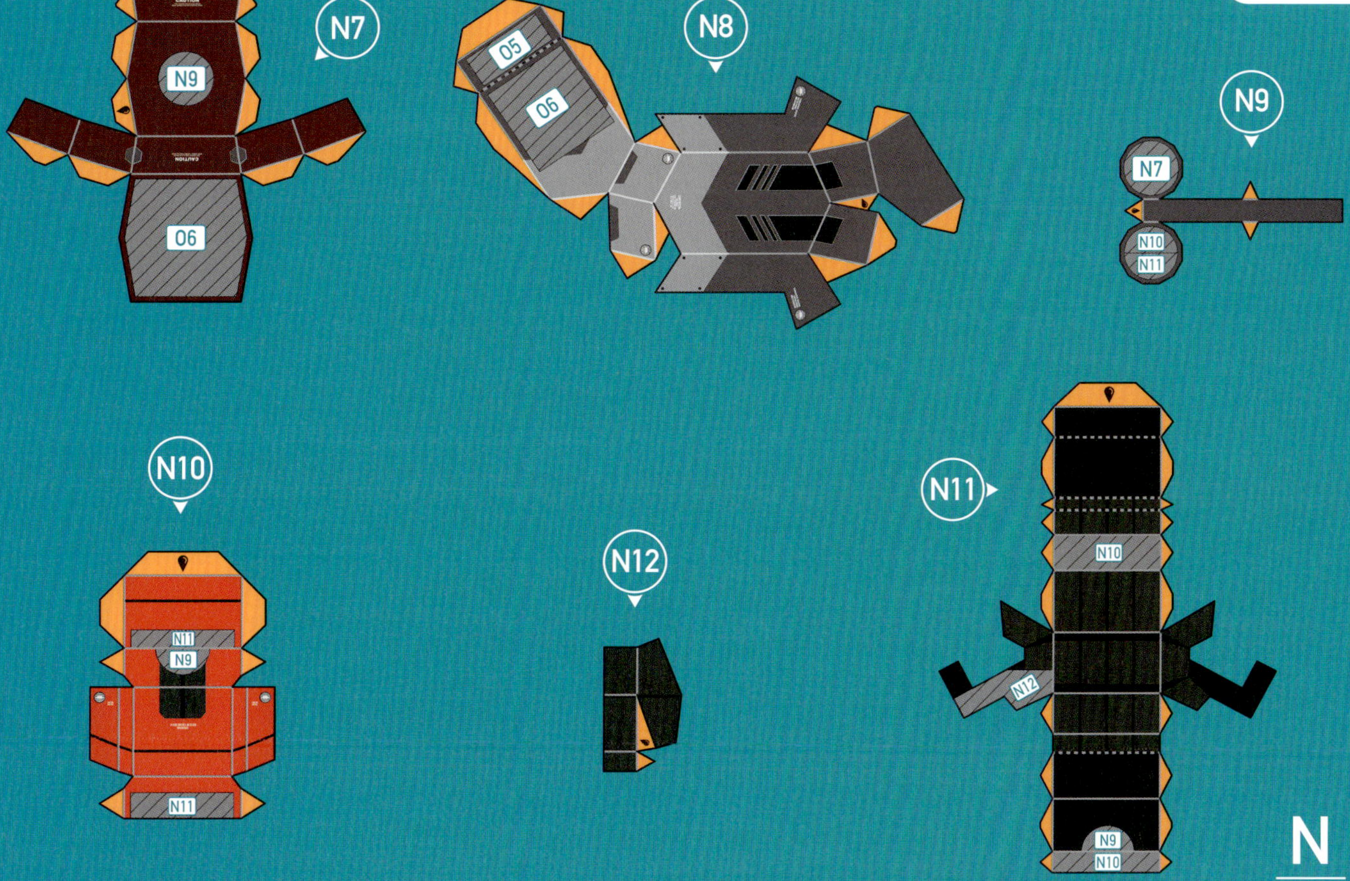

왼팔

N

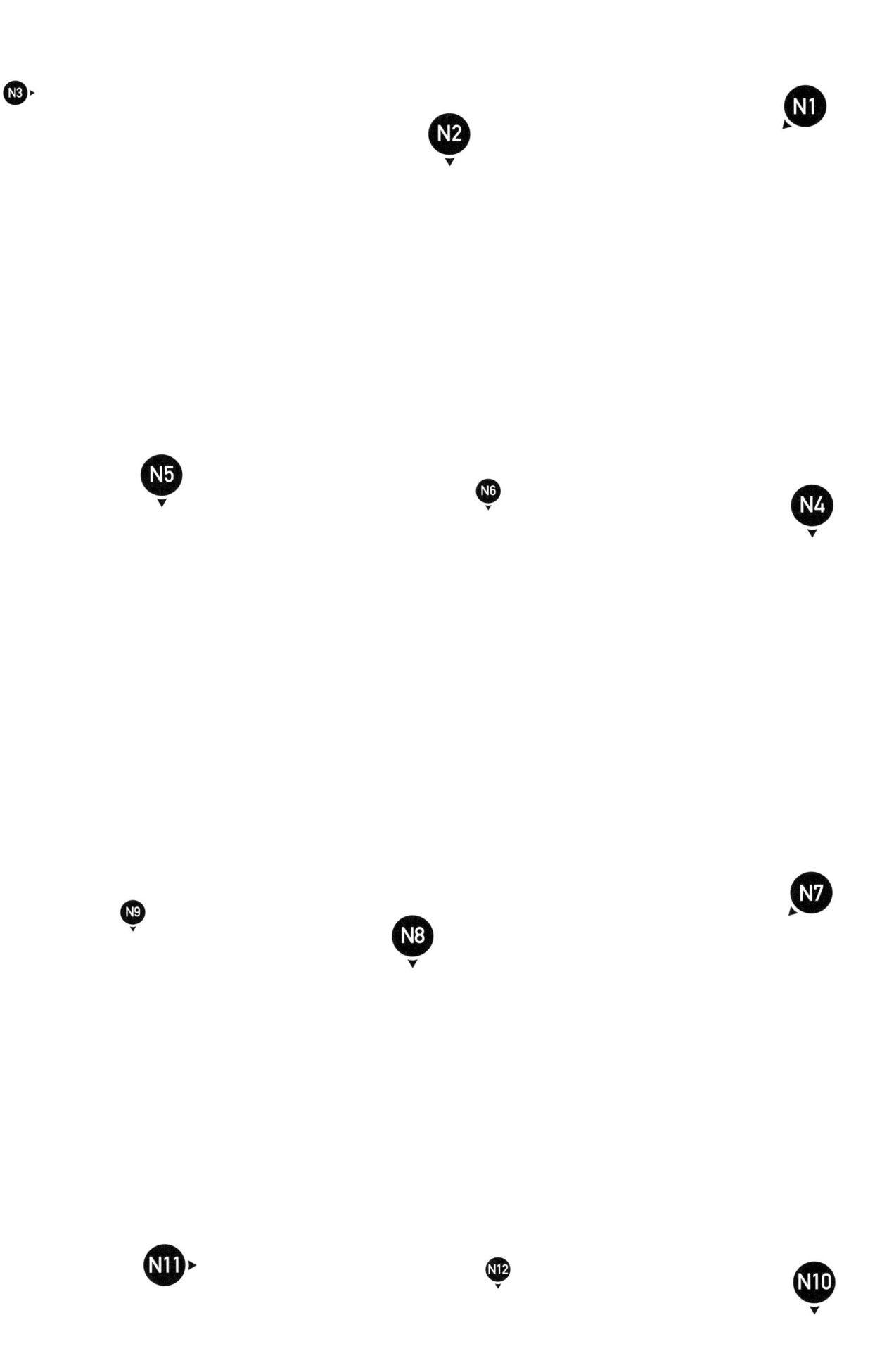

왼팔

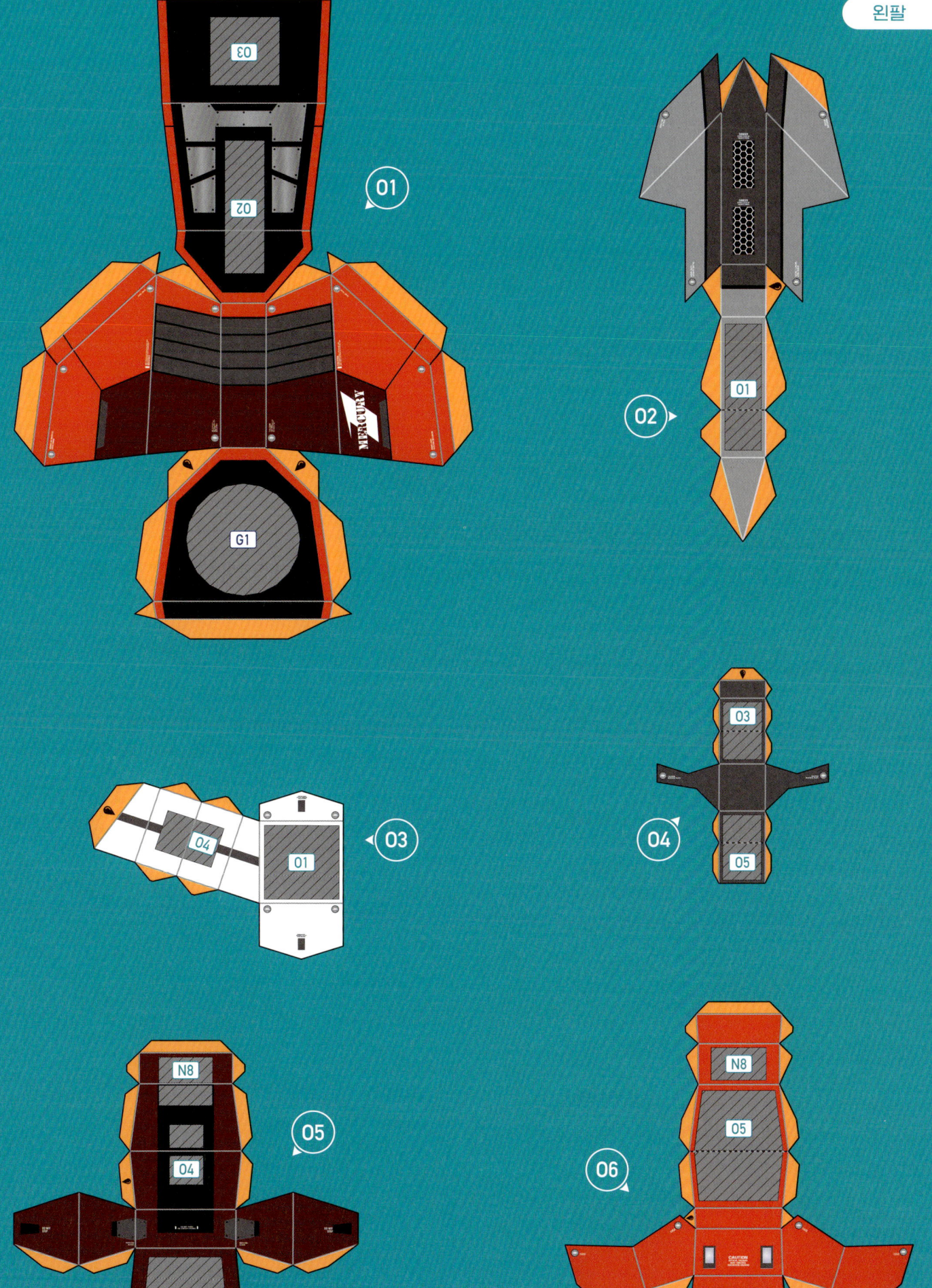

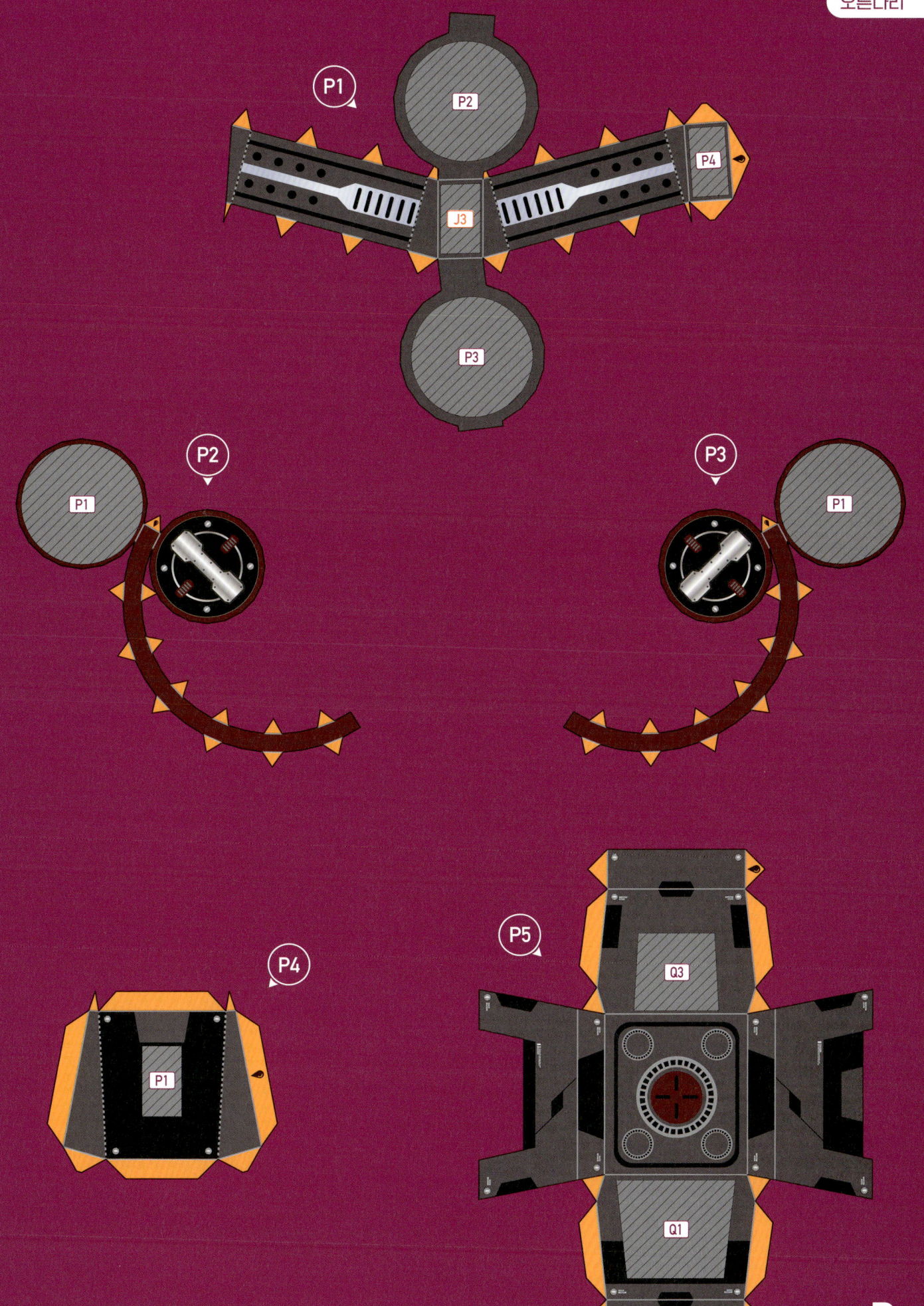

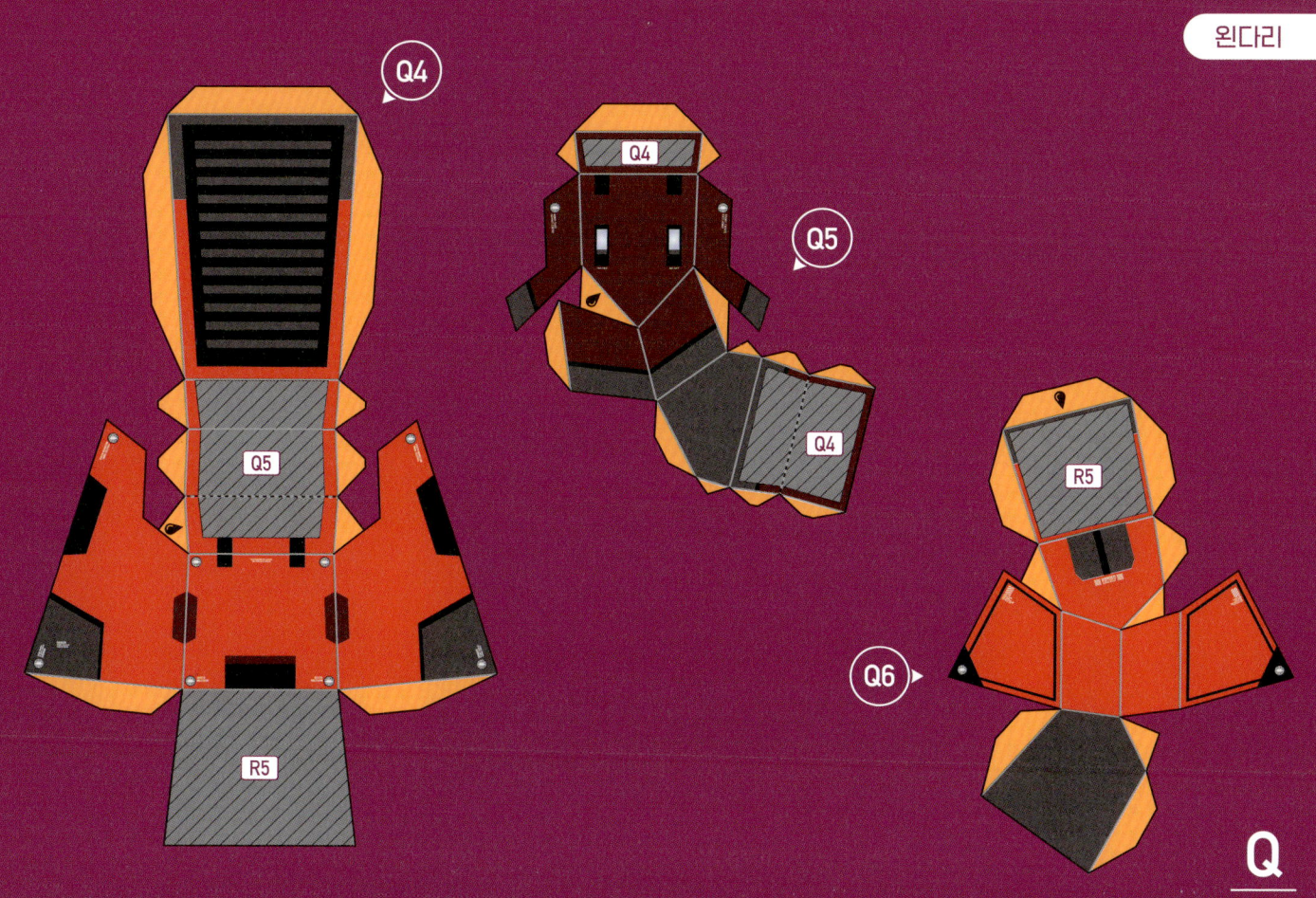

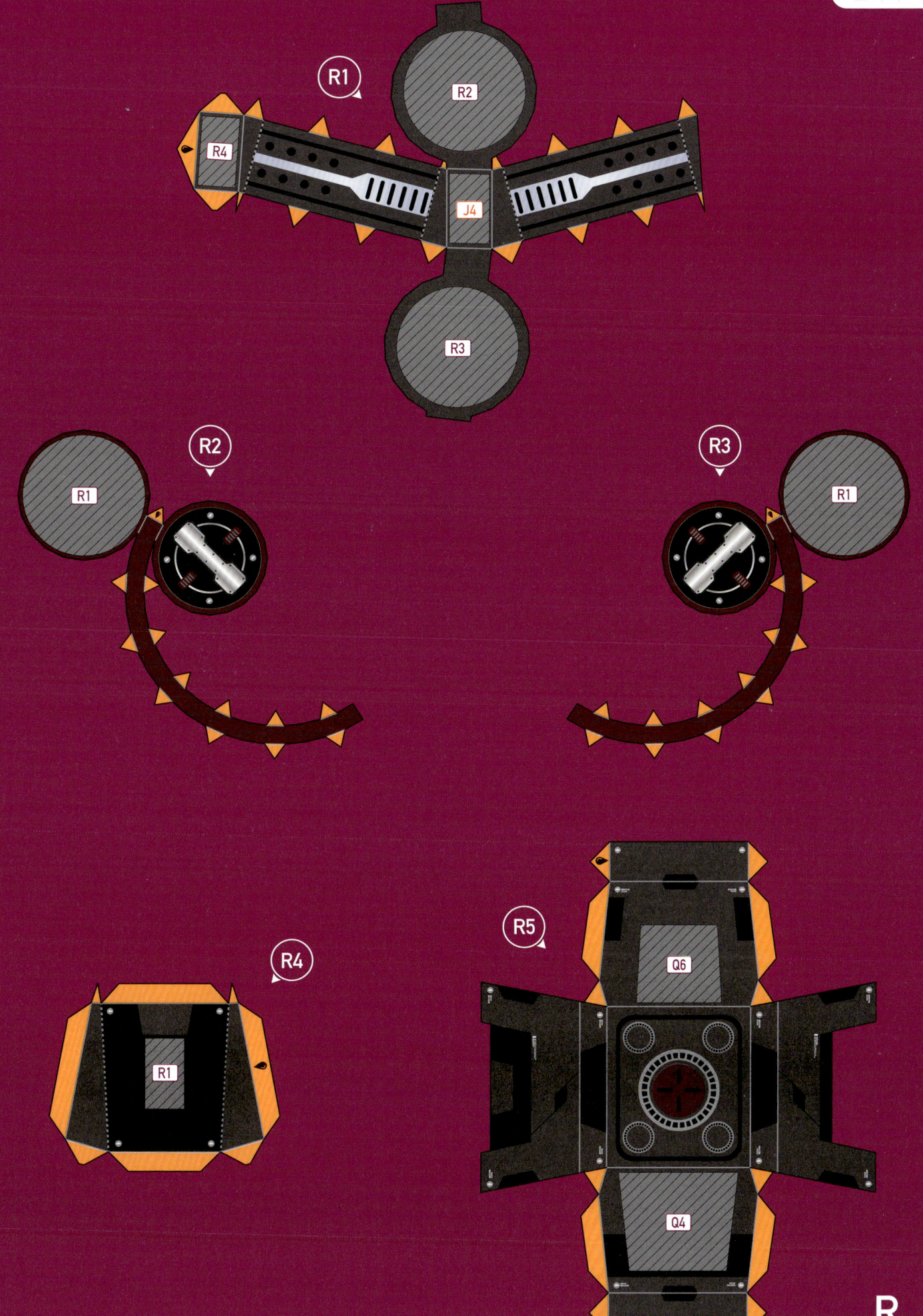

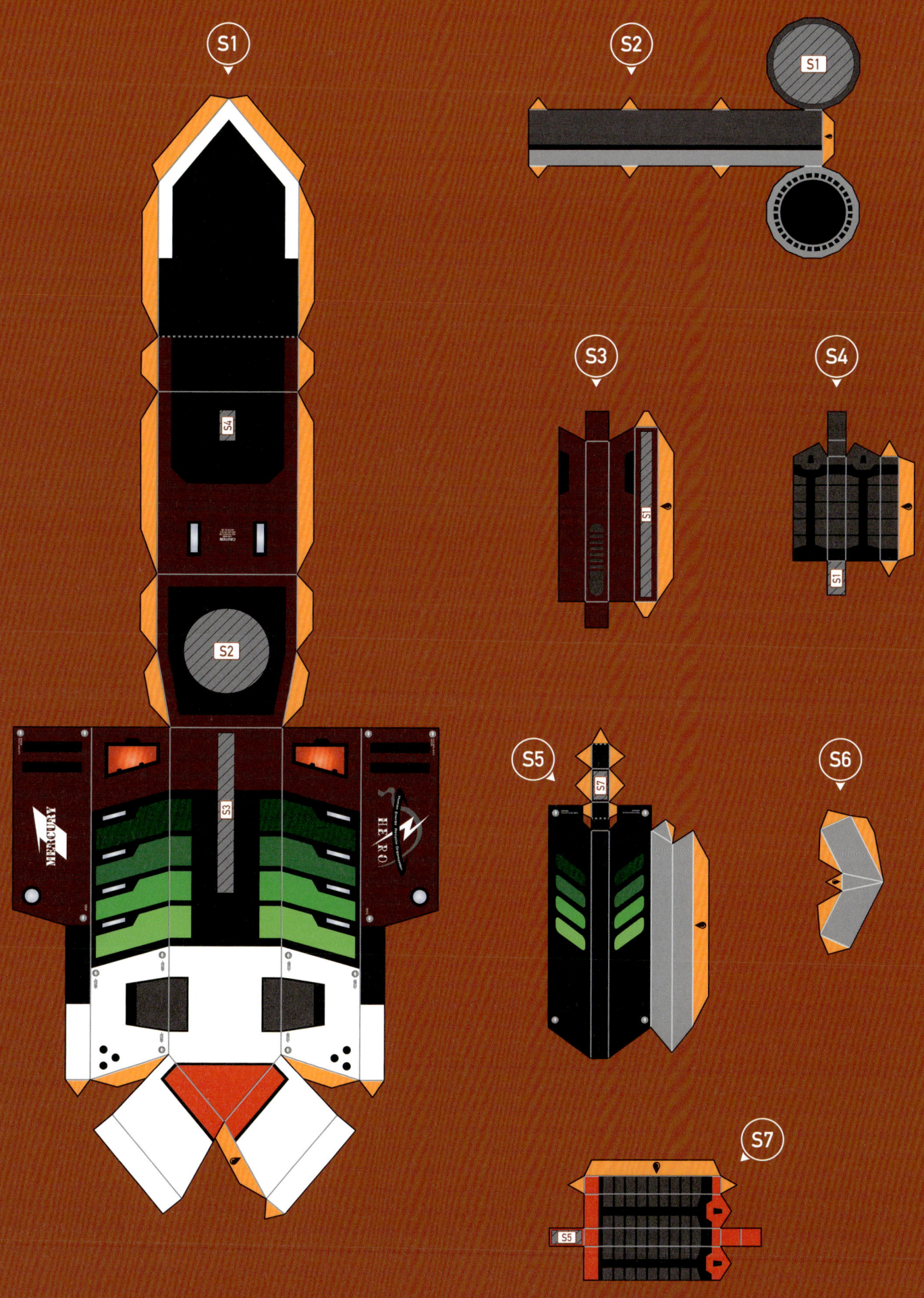

S1
S2
S3
S4
S5
S6
S7

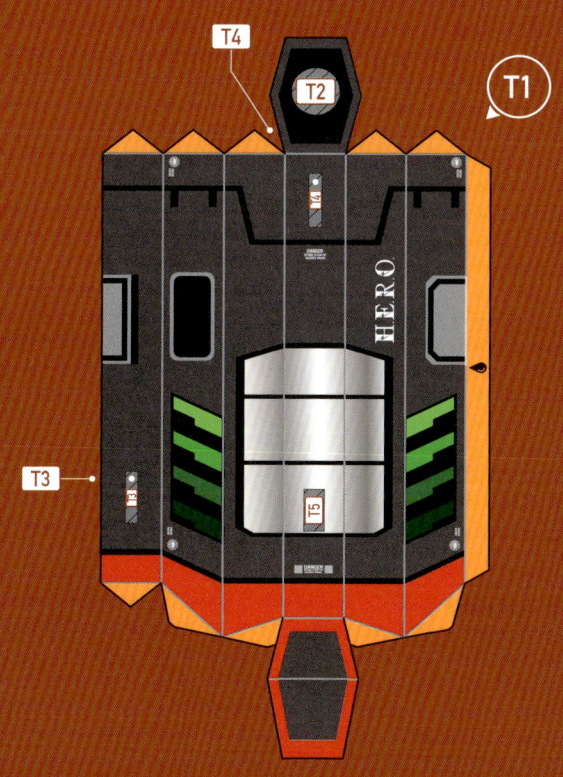
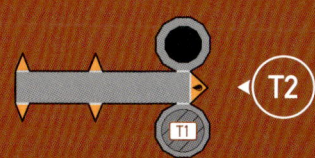
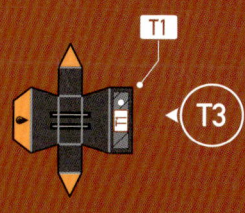
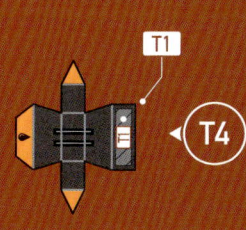
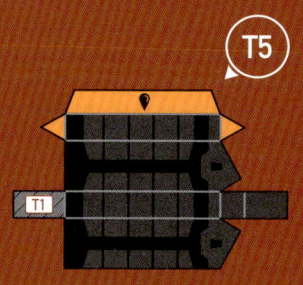
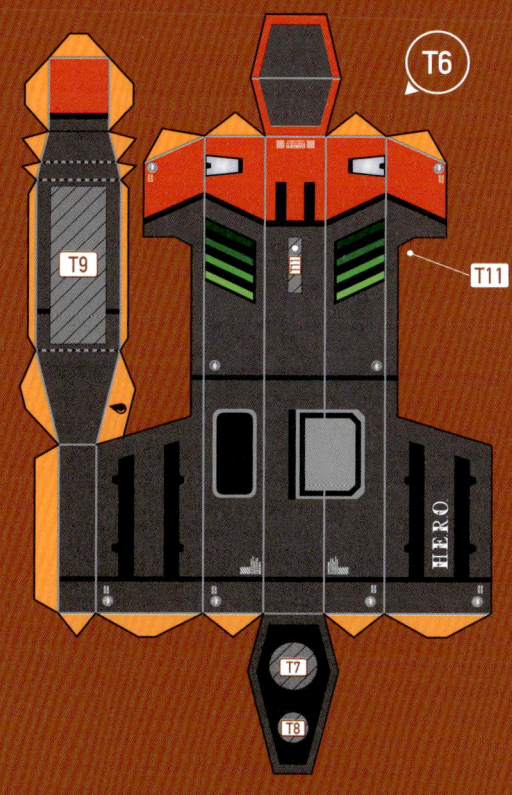
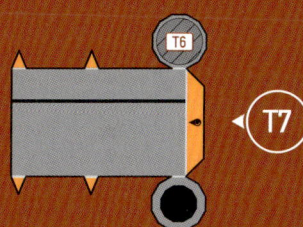
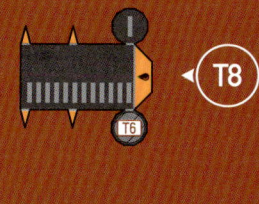
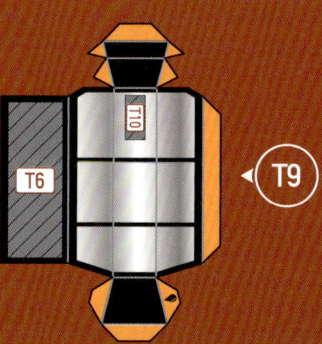
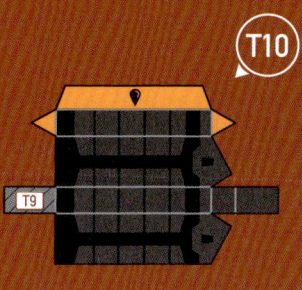
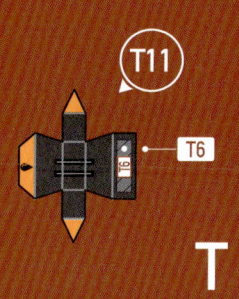

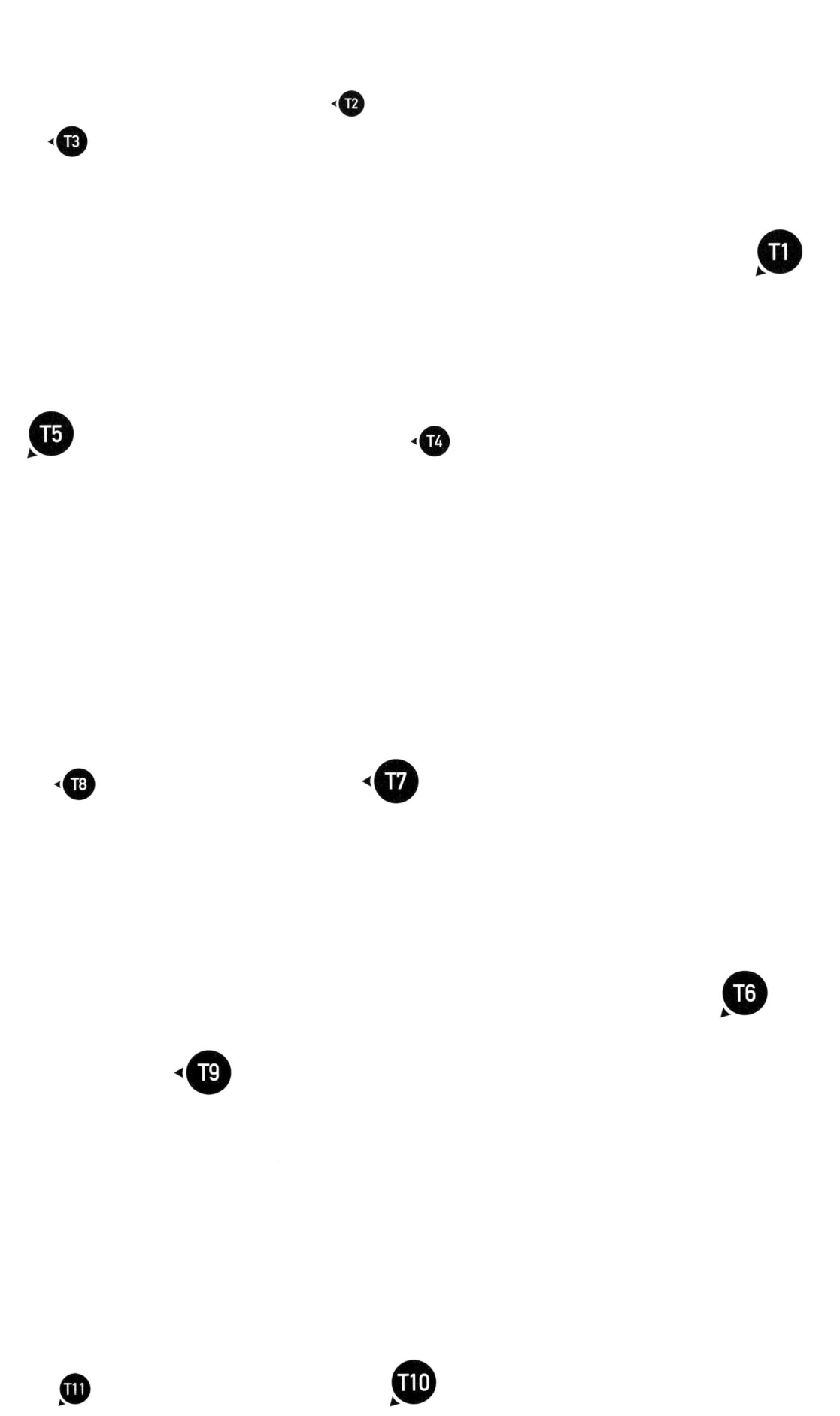

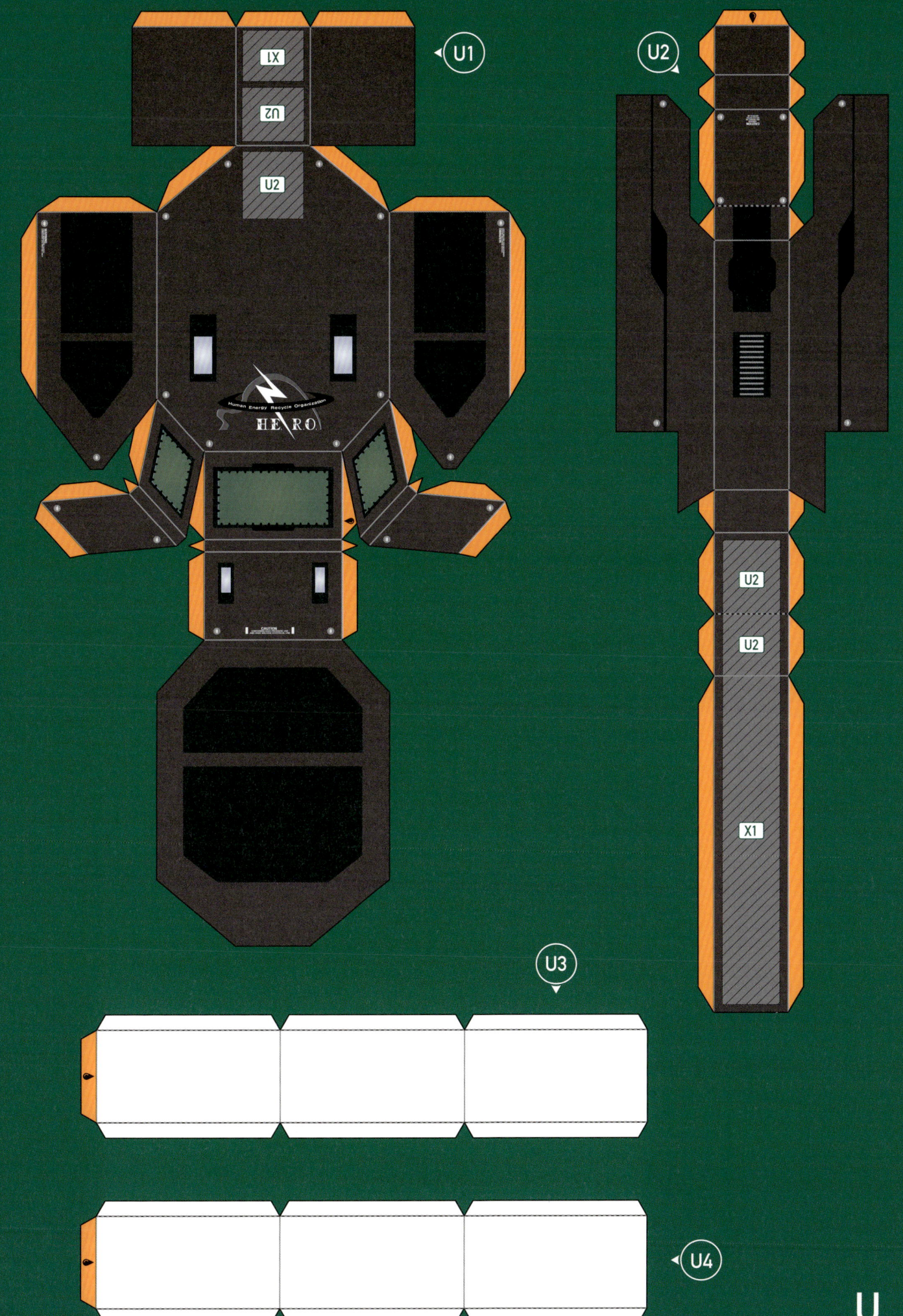

U2 U1

U3

U4

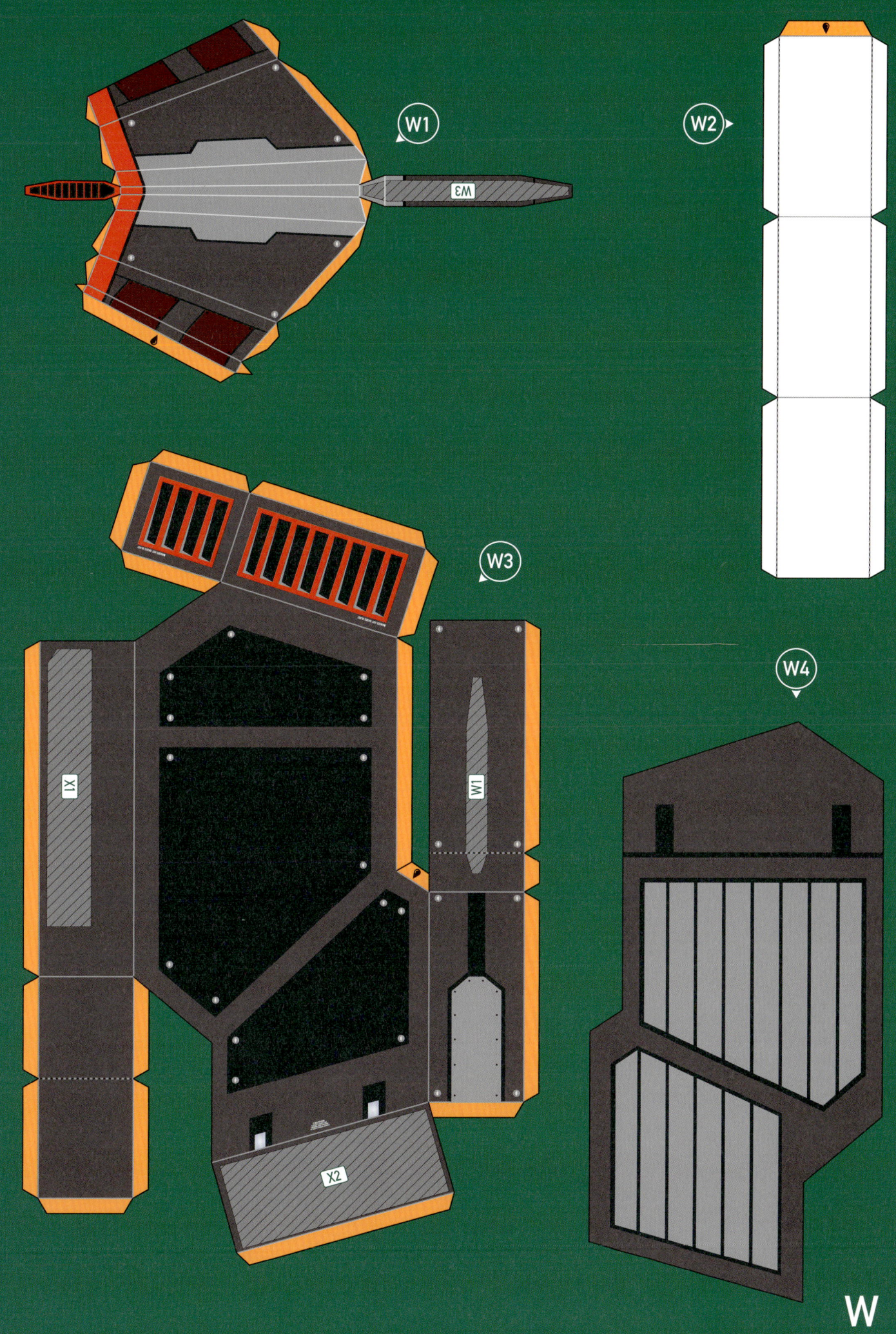

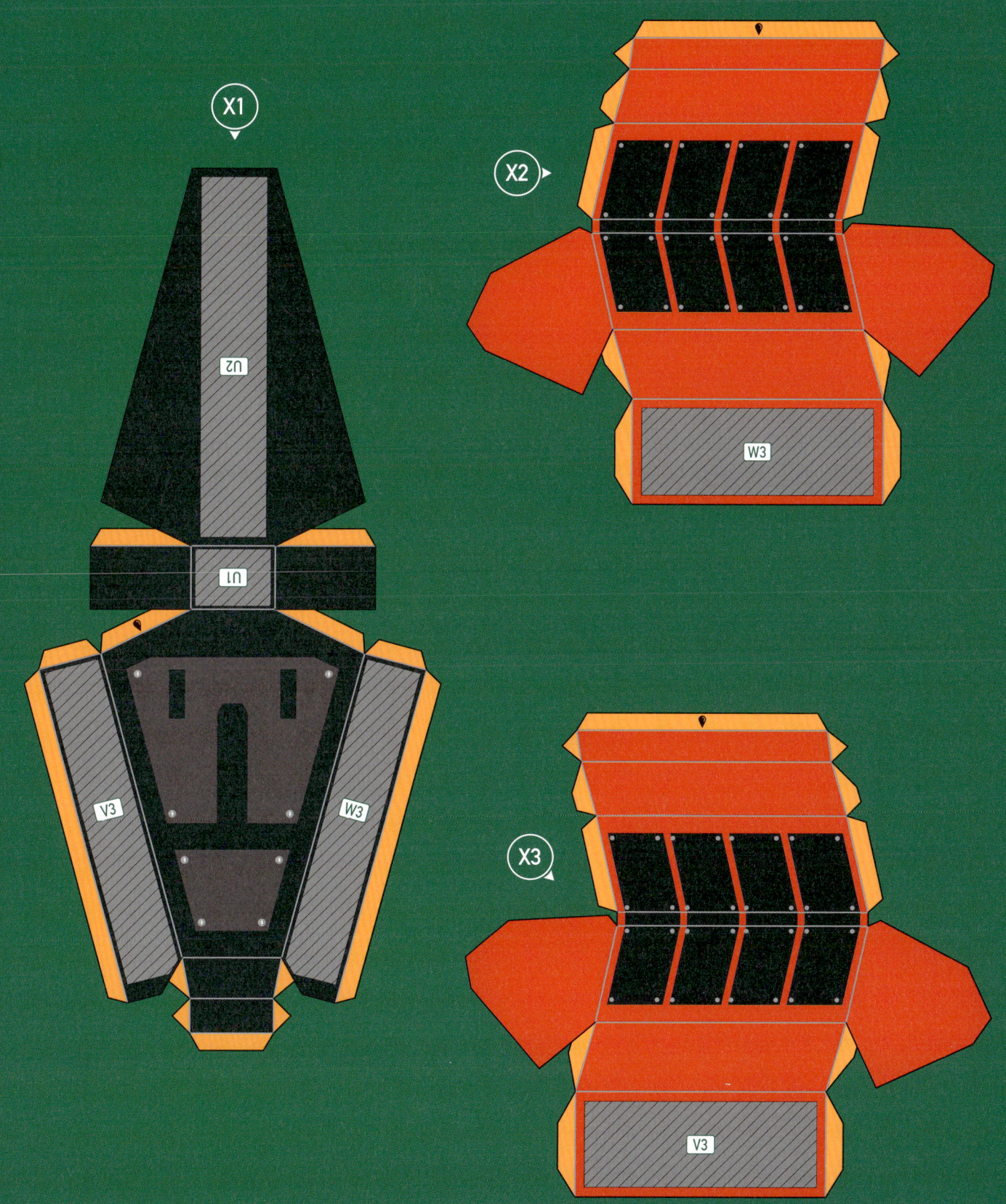